中华优秀传统文化视域下大中小学一体化实践育人研究

袁景 蒋丽○著

中国纺织出版社有限公司

图书在版编目（CIP）数据

中华优秀传统文化视域下大中小学一体化实践育人研究 / 袁景，蒋丽著. -- 北京：中国纺织出版社有限公司, 2024.7. -- ISBN 978-7-5229-2068-9

Ⅰ. G4

中国国家版本馆 CIP 数据核字第 2024AB8214 号

责任编辑：张　宏　　责任校对：王花妮　　责任印制：储志伟

中国纺织出版社有限公司出版发行
地址：北京市朝阳区百子湾东里 A407 号楼　邮政编码：100124
销售电话：010—67004422　传真：010—87155801
http://www.c-textilep.com
中国纺织出版社天猫旗舰店
官方微博 http://weibo.com/2119887771
北京虎彩文化传播有限公司印刷　各地新华书店经销
2024 年 7 月第 1 版第 1 次印刷
开本：710×1000　1/16　印张：12.5
字数：200 千字　定价：98.00 元

凡购本书，如有缺页、倒页、脱页，由本社图书营销中心调换

在当今全球化、信息化的时代，教育扮演着塑造未来社会的关键角色。而在教育的大环境下，如何培养具有国际视野、创新能力和传统文化底蕴的新一代人才，成为亟待解决的问题。本书旨在探讨中华优秀传统文化在大中小学教育中的渗透与实践，以及与现代教育的有机结合，力求为培养德、智、体、美、劳全面发展的学生提供新思路与新方法。

本书共有九章内容。第一章导论中，我们从中华优秀传统文化对现代教育的意义出发，探讨了大中小学一体化实践育人的背景与动机，以及研究方法与范围概述。通过对导论的阐述，我们希望读者能够理解中华优秀传统文化在当今教育领域的重要性，并为后续章节的深入探讨奠定基础。

第二章至第九章详细探究了中华优秀传统文化在大中小学教育中的渗透与实践。我们从学科教学、课外活动、学校文化建设到德育教育实践等方面展开论述，深入研究了中华优秀传统文化在教育领域的应用与效果。同时，通过对教师在传统文化教育实践中的角色、学校管理与家庭教育的关系、评估与实践等方面的讨论，我们力图建构一个全面的教育体系，以促进学生全面素养的培养。

在探讨中华优秀传统文化教育与学校管理、家庭教育的关系时，我们强调了文化的整合与共育模式的构建。通过对传统文化的学科整合、德育培养以及与家庭教育的紧密衔接，我们期望在读者中树立共育理念，使学校与家庭共同参与学生的全面发展。

最后我们还聚焦于对中华优秀传统文化大中小学一体化实践育人的未来发展趋势的展望。我们深入探讨了教育评估方法与体系的构建，同时以成都医学院的实践案例为例，分享了成功的经验和值得反思的问题。

本书立足于中华优秀传统文化的教育实践，通过对多个维度的深入研究，旨在为决策者、教育者以及学生家长提供新的教育理念和策略。通过对传统文化的传承与创新，我们期望为塑造更具有国际竞争力、文化自信心和社会责任感的新一代人才贡献我们的智慧和经验。希望本书能够激发读者的思考，引发对教育的深刻思索，并为中华优秀传统文化在现代教育中的融合发展提供有益启示。

著者

2023 年 12 月

目录 / CONTENTS

第一章　导论 ·· 1
 第一节　中华优秀传统文化对现代教育的意义 ·· 1
 第二节　大中小学一体化实践育人的背景与动机 ······································ 4
 第三节　研究方法与范围概述 ·· 6

第二章　中华优秀传统文化在大中小学教育中的渗透 ······································ 9
 第一节　中华优秀传统文化融入学科教学的实践与效果 ·························· 9
 第二节　课外活动与中华优秀传统文化教育的结合 ································ 16
 第三节　学校文化建设与中华优秀传统文化教育的整合 ························ 25

第三章　中华优秀传统文化与德育教育实践 ·· 33
 第一节　中华优秀传统文化与学生德育素养的培养 ······························ 33
 第二节　中华优秀传统文化在学生品德培养实践中的应用 ···················· 42
 第三节　中华优秀传统文化在校园文化建设中的作用与意义 ················ 50

第四章　大中小学教师在中华优秀传统文化教育实践中的角色 ······················ 63
 第一节　中华优秀传统文化教育实践对教师素养的要求 ························ 63
 第二节　中华优秀传统文化教育实践下的教师角色转变与发展 ············· 67
 第三节　中华优秀传统文化教育实践中教师的素养培训与发展建设 ······ 75

第五章　中华优秀传统文化教育实践与学校管理 ··· 87
 第一节　中华优秀传统文化在学校管理中的价值体现 ···························· 87
 第二节　中华优秀传统文化教育与学校管理的挑战与机遇 ···················· 90

第三节　中华优秀传统文化教育与学校管理的策略与实践 …………………… 92

第六章　大中小学中华优秀传统文化教育与家庭教育 101
　　第一节　中华优秀传统文化教育对家庭教育的影响 ……………………………… 101
　　第二节　家庭教育与学校中华优秀传统文化教育的衔接 ……………………… 104
　　第三节　中华优秀传统文化教育与家庭教育共育模式 ………………………… 110

第七章　大中小学中华优秀传统文化教育的评估与实践 123
　　第一节　中华优秀传统文化教育评估方法与体系建设 ………………………… 123
　　第二节　中华优秀传统文化学生素养评价体系构建与实践 …………………… 126
　　第三节　中华优秀传统文化教育大中小学实践案例评估与总结 ……………… 134

第八章　推进大中小学思政课一体化实践育人共同体建设 141
　　第一节　大中小学思政课一体化实践育人建设的目标任务 …………………… 141
　　第二节　大中小学思政课一体化实践育人建设的着力点 ……………………… 148
　　第三节　大中小学中华优秀传统文化教学资源与载体的一体化建设 ………… 157

第九章　中华优秀传统文化大中小学一体化实践育人的发展趋势与展望 ……… 165
　　第一节　中华优秀传统文化大中小学一体化实践育人的当下与未来发展趋势 … 165
　　第二节　中华优秀传统文化大中小学一体化实践育人与现代教育创新发展的关系 … 175
　　第三节　中华优秀传统文化大中小学一体化实践育人的未来展望与发展策略 …… 179

参考文献 ……………………………………………………………………………… 183

附　录 ………………………………………………………………………………… 185
　　附录一　学生中华优秀传统文化调查问卷 ……………………………………… 185
　　附录二　中华优秀传统文化教师培训需求调查问卷 …………………………… 186

第一章 导论

第一节 中华优秀传统文化对现代教育的意义

一、中华优秀传统文化的定义

中华优秀传统文化的内涵广泛,包括儒家、道家、佛家等多元流派的思想体系,传统绘画、音乐、戏曲等丰富的艺术表现,以及礼仪、家训、《诗经》等形式多样的文学遗产。这些元素共同构成了中华文明的精髓。

(一)中华优秀传统文化

国内学术界通常把中华优秀传统文化简称为中国文化或中华文化,如李宗桂的《中国文化概论》[1]、邵汉明的《中国文化研究二十年》[2]、张岱年的《中国文化概论》[3]、韦政通的《中国文化概论》[4]等著作中皆有体现。李宗桂教授将中华文化定义为中华民族数千年发展过程中创造的、不断发展的、打上自身烙印的文化。[5]秦冰馥将中华优秀传统文化归纳为物质、精神、制度、行为文化四个方面,是具有民族特色的、稳定的历史与实践的结晶。[6]中华优秀传统文化内容丰富多彩、博大精深、源远流长。从地域上分,包括吴越、齐鲁、燕赵文化等;在流派上,先秦有儒、道、墨、名、阴阳、法六家,汉魏以后出现儒、道、佛三教鼎立的局面。[7]刘若斌将传统文化分为三个部分:一是以思想文化为主体的文化,包括道家的"无为而治"、墨家的"相爱相利"和"尚贤"、法家的"法治"、阴阳家的"五德终

---

[1] 李宗桂. 中国文化概论[M]. 广州:中山大学出版社,1988.
[2] 邵汉明. 中国文化研究二十年[M]. 北京:人民出版社,2003.
[3] 张岱年,方克立. 中国文化概论[M]. 北京:北京师范大学出版社,1993.
[4] 韦政通. 中国文化概论[M]. 中国台北:水牛出版社,2008.
[5] 李宗桂. 试论中国优秀传统文化的内涵[J]. 学术研究,2013(11):35-39.
[6] 秦冰馥. 中华优秀传统文化融入高校思想政治教育研究[D]. 长春:东北师范大学,2021.
[7] 张祥浩,石开斌. 中国传统文化与思想政治教育的创新[J]. 东南大学学报(哲学社会科学版),2008(5):56-59,127.

始";二是包含家庭、社会、国家的伦理道德文化;三是包含人生礼仪、传统节日、衣食住行习俗、民间信仰的民俗文化。①

中华优秀传统文化虽然是中华民族的丰厚遗产,但由于时代的变迁,其中也不免夹杂着封建愚昧落后的文化思想,我们应该批判辩证地看待,取其精华,去其糟粕,革故鼎新。

(二)中华优秀传统文化

中华优秀传统文化是中华优秀传统文化的精华部分,是我们要弘扬传承的部分。李宗桂教授认为中华优秀传统文化是中华优秀传统文化的精华所在、精神所在、气魄所在,是体现民族精神的价值内涵,是中华民族长期发展过程中形成的、有着积极的历史作用、至今具有重要价值的思想文化。任翔教授将中华优秀传统文化教育的基本内容划分为三个部分:一是包含语言、文学、历史的中华文化知识教育;二是中华民族精神教育,包括天人合一的人本观念、自强不息的进取精神、厚德载物的博大胸襟、贵和尚中的价值取向、爱国主义的民族情怀;三是包含家教家风建设、校园文化建设、规章制度建设的文化养成教育。②从政策文本上分析,例如,2017年《关于实施中华优秀传统文化传承发展工程的意见》中,从核心思想理念、中华传统美德、中华人文精神三个方面阐述了中华优秀传统文化的内容。学术界没有提出一个明确的中华优秀传统文化的概念界定,中华优秀传统文化所包含的内容也非常丰富。本文所提到的中华优秀传统文化是指符合时代要求的、能为学生所接受的、能很好地融入学生劳动教育、有利于提高学生劳动素养的传统文化内容,例如地域文化、传统节日、传统手工艺、传统民间游戏、传统劳动故事等。

二、传统文化与现代教育的关系

传统文化与现代教育并非简单地对立,而是一种有机融合的关系。通过对传统文化的深入挖掘与传承,可以为现代教育注入深厚的文化内涵,激发学生对国家历史、道德伦理等方面的兴趣,培养他们更全面的人文素养。

传统文化与现代教育的关系在于传统文化对现代教育的丰富补充。传统文化承载了丰富的历史、文学、哲学等知识,其中蕴含的深刻智慧和价值观念可以为学生提供更为宽广的视野。通过将传统文化元素融入现代教育,学生能够更好地

---

① 刘若斌. 论中华优秀传统文化的主要内容和特征[J]. 东岳论丛, 2008(2): 194-197.
② 任翔. 中国传统文化教育的目标与内容初探[J]. 中国教育学刊, 2019(1): 58-63.

理解和尊重自己的文化传统，形成对历史的认知和对文化的自信。

另外，传统文化的价值观念对塑造学生的道德伦理观念具有重要影响。传统文化中的家国情怀、孝道礼仪等价值理念，有助于培养学生的社会责任感和道德品质。通过在现代教育中强调传统文化的价值观，可以引导学生形成正确的人生观和价值观，培养他们具备更高尚的品德素养。

此外，传统文化也为现代教育提供了丰富的教育资源。传统文学作品、历史典籍等都是宝贵的教育资料，通过将这些资源融入教学过程，可以使学生更深入地了解和体验传统文化，从而丰富他们的文化阅历和情感体验。

传统文化与现代教育的关系是一种相辅相成的关系。传统文化为现代教育提供了深刻的文化积淀和丰富的价值观念，为学生的全面发展提供了更为宽广的空间。在传承中创新，将传统文化有机融入现代教育中，既可以弘扬传统文化，又能培养学生更全面的人文素养，实现了文化传承与时代发展的有机结合。

三、传统文化对学生综合素养的影响

中华优秀传统文化对学生综合素养的影响是多层面且深刻的。中华优秀传统文化蕴含着深刻的价值观，如"廉、耻、忠、孝、仁、义、诚、信"等准则，这为学生提供了道德伦理的引导。通过在语文教学中深入探讨这些价值观的内涵，教师可以引导学生树立正确的人生观和价值观，培养他们具备良好道德品质的能力。

中华优秀传统文化中的思维模式对学生的认知和思考方式产生着积极的塑造作用。传统文化强调的整体思维、综合分析的方法，有助于培养学生的创造性思维和问题解决能力。通过在课程中引入经典文学、古代哲学等元素，教师可以启发学生对复杂问题的多角度思考，拓展他们的认知范围。

同时，中华优秀传统文化注重行为准则，强调孝道、仁爱等美德。这些准则对学生的品德养成和社会交往具有积极的引导作用。通过在教育实践中强调中华优秀传统文化中的这些美德，教师可以促使学生形成积极向上的行为习惯和道德品质，培养他们具备较高的社会责任感和团队协作能力。

在现代社会，外来文化的冲击对学生的生活和价值观带来了一定的影响。为了防范不良风气的侵害，教师需要将中华优秀传统文化融入教学中，引导学生正确看待外部文化的冲击，培养他们的文化自信心。通过传承中华优秀传统文化，教师可以在学生心灵深处植根正确的价值观，使他们在外部文化的冲击下能够坚

守本土文化的精髓。

中华优秀传统文化的传承不仅对学生个体有着积极的影响，同时有助于社会整体素质的提升。学生在接受传统文化的教育过程中，既形成了自身积极的核心素养，又为社会的文明进步作出了贡献。因此，中华优秀传统文化的传承是促使学生核心素养全面发展的重要途径。

第二节 大中小学一体化实践育人的背景与动机

一、一体化教育的概念与发展

一体化教育是当代教育领域中备受关注的重要方向之一，旨在打破学科之间的界限，促使学生在跨学科的综合环境中全面发展。一体化教育的概念着重于整合各学科的知识，注重培养学生的综合能力、创新思维和实际解决问题的能力。

一体化教育的核心概念包括跨学科性、全面培养和实际应用。

首先，一体化教育强调跨学科性，旨在打破传统学科的独立性，使不同学科之间的知识得以相互渗透、相互关联。通过将科学、技术、工程、艺术和数学等不同学科有机地结合起来，一体化教育提供了更为综合、全面的学习体验。

其次，一体化教育注重全面培养，强调学生在知识、技能、情感、价值观等多个方面的综合发展。不仅关注学科知识的传授，更关心学生的品德修养、团队协作能力、创造力和解决问题的能力。通过全面培养，一体化教育致力于培养更具综合素养和社会责任感的新一代公民。

一体化教育的发展历程可以追溯至20世纪中叶，当时，教育领域开始认识到传统学科划分的弊端，一体化教育逐渐引起广泛关注。20世纪末至21世纪初，一体化教育理念得到了更为系统和深入的阐释与实践。一方面，随着信息技术的发展，全球化的进程加速，社会对跨学科、全面发展的需求日益增长，这为一体化教育的提出提供了社会背景；另一方面，教育研究者对学科整合、综合素养培养等方面的深入研究，为一体化教育的发展提供了理论基础。

在当前教育体系日益注重学生全面发展的背景下，一体化教育得到了广泛推崇。许多国家纷纷将一体化教育纳入其教育改革的议程中，力图通过改变传统的学科教育方式，使学生能够更好地适应未来社会对综合素养的需求。

二、大中小学一体化实践的背景

大中小学一体化实践的兴起与发展紧密关联于社会、经济和科技的变革，其产生的深层次原因涉及多个方面。

首先，随着社会结构的变迁，传统学科划分的局限性逐渐显现，无法满足当代社会对综合素养和跨学科能力的需求。社会变革对知识结构和能力要求的调整推动了一体化实践的兴起。

其次，经济全球化和科技进步导致信息爆炸，学科之间的相互渗透和交叉应用日益增多，传统学科的划分不再能够很好地反映实际知识体系的复杂性。一体化实践的背景中，信息时代对知识的整合和应用提出了新的要求。

最后，现代社会对人才的需求更加注重创新和综合能力的培养，这促使教育体系转变为更加强调学科整合、全面培养的一体化方向。人才培养目标的调整是一体化实践发展的内在要求。此外，社会对于教育质量和效益的追求，也催生了更具综合性的教育方式。通过整合大中小学的资源，使教育质量和效益提高成为可能，这为一体化实践提供了制度支持。综合来看，大中小学一体化实践的背景既受到社会结构变迁的推动，又在全球化和科技进步的背景下迎来了更为广阔的发展空间。这种变革背后蕴含着对教育理念和实践模式的重新审视，同时反映了对于人才培养目标的不断演进。因此，深入分析大中小学一体化实践的背景对于理解其发展动因、推动因素以及未来走向具有重要意义。

三、一体化实践育人的动机与目标

大中小学一体化实践育人的动机根植于对现代教育面临的挑战和对学生全面发展的追求。首要的动机之一是提高学生的学科整合能力。传统学科的划分导致了学生在狭窄的学科范畴内学习，难以形成对知识的整体性认知。一体化实践致力于打破这种局限，通过将不同学科的知识进行整合，培养学生更为综合、跨学科的学科整合能力，使其能够更好地应对复杂多变的社会问题。

另一个动机是促进学生的全面素养发展。传统教育过于注重学科知识的传授，而忽视了学生其他方面的发展。一体化实践将学科整合贯穿于全课程之中，致力于培养学生的创造力、批判性思维、沟通能力等多方面的素养。通过跨学科的学习体验，学生能够更全面地发展个人技能和潜能，使其具备更强的适应能力和综合素质。

另外，一体化实践也是为了更好地适应未来社会的需求。当代社会对人才提出了更高的要求，强调创新、团队协作、问题解决等跨学科能力。一体化实践的目标之一是培养具备这些能力的学生，使其能够更好地适应未来社会的发展趋势。这种动机源于对社会需求的深刻理解，以及对学生未来职业和生活所需能力的精准把握。

大中小学一体化实践的动机包括提高学科整合能力、促进全面素养发展和适应未来社会需求。这些动机反映了对传统教育模式的反思，对学生全面发展的关切，以及对未来社会人才需求的深刻认知。

第三节　研究方法与范围概述

一、研究方法选择与理由

为深刻理解中华优秀传统文化对现代教育的影响，我们采用了综合性的文献综述和分析方法。通过梳理大量关于传统文化与教育的文献，我们能够全面了解传统文化的内涵、演变过程以及其在不同历史时期对教育的渗透和影响。文献综述的方式使我们能够从多个维度系统性地剖析中华优秀传统文化的特点，并为后续深入研究提供理论支持。

首先，在理论框架的基础上，我们将采用案例研究方法来探究中华优秀传统文化在特定学校或教育机构中的实践与效果。通过深入挖掘个案，我们可以更具体地了解传统文化在实际教育场景中的应用，探讨其在学科教学、学生德育培养以及学校管理等方面的具体体现与影响。案例研究方法的采用使我们能够获得深度和具体性的研究数据，从而更好地回应研究问题。

其次，为了获取更广泛的数据和意见，我们将运用问卷调查和访谈等定量和定性研究方法。通过向教育从业者、学生及家长等多个群体发放问卷，我们能够收集到各方对中华优秀传统文化在教育中的认知和看法，进一步加深对传统文化教育实践的理解。同时，通过深度访谈，我们将能够获得更为翔实和个性化的信息，从而为研究提供更为立体和丰富的视角。

最后，数据分析阶段我们将运用统计学方法对问卷数据进行量化分析，以得出普遍趋势和规律。对于访谈和案例数据，我们将运用内容分析法，深入挖掘其中的内涵和关联。通过这些综合的研究方法，我们期望能够全面、深入地理解中华优秀传统文化对现代教育的实际影响，并为提升学术研究的深度和广度提供有效手段。这些研究方法的选择是基于对研究问题的深刻理解和对方法可行性的全面考量，以期为中华优秀传统文化在现代教育中的发展提供有力的理论和实践支持。

二、研究范围的明确与限定

在研究开始之前，我们迫切需要对研究的范围进行明确和限定，以确保研究能够在深度和广度之间取得平衡。通过详细说明研究的边界和侧重点，我们旨在确保研究的针对性，使其更为具体、切实，以有力地回应研究问题。

首先，我们限定研究的主要范围为中华优秀传统文化在中国大中小学教育领域的应用与影响。这包括但不限于传统文化在学科教学中的融入、在学生德育培养中的运用，以及在学校管理与文化建设中的作用。通过明确研究的主体，我们能够更为精准地把握中华优秀传统文化在现代教育中的实际表现，避免涉及面过于宽泛而导致深度不足的问题。

其次，我们将特别关注大中小学的一体化实践育人。这一方面有助于深入研究中华优秀传统文化在不同教育层次中的应用，另一方面，将我们的研究局限在一体化实践中，有助于更为具体地剖析传统文化对综合素养的影响，以及在一体化实践中的具体体现。

在研究过程中，我们明确关注的时间跨度为过去二十年以来。这个时间范围的选择旨在捕捉近二十年来中国教育领域发生的较为显著的变革与发展，以及中华优秀传统文化在这一过程中的相应调整和演变。

最后，我们将根据地域进行限定，主要关注中国境内的学校教育。尽管中华优秀传统文化在全球范围内也产生了一定影响，但为了保持研究的焦点和深度，我们将把地域范围限制在中国的实际教育场景中。

三、数据收集与分析方法

首先，为了深入了解中华优秀传统文化在教育中的应用与影响，我们将进行广泛的文献综述。通过系统梳理关于中华优秀传统文化与教育的相关研究、实践经验和理论框架，我们能够全面了解传统文化在不同层面对教育产生的影响。这将为我们提供深刻的理论基础，有助于在后续的实证研究中更好地设计数据收集工具。

其次，我们将运用案例研究方法，深入挖掘中小学一体化实践中的传统文化教育。通过选择具有代表性的学校或教育机构，我们将收集关于中华优秀传统文化在教育中的实际操作、应用策略以及取得的成果的翔实数据。这种深度的案例研究有助于我们更加具体地了解传统文化在实际教育场景中的作用和局限。

在数据的收集阶段，我们将采用定量和定性研究相结合的方法。通过设计并发放问卷，我们将收集到来自教育从业者、学生和家长等多个群体的看法和意见。这将为我们提供一套广泛而系统的数据集，帮助我们量化中华优秀传统文化在教育中的认知程度和实际应用情况。同时，通过深度访谈，我们将获得更为翔实和个性化的信息，为研究问题提供更为丰富的内容。

在数据的分析阶段，我们将采用统计学方法对问卷数据进行量化分析，以揭示普遍趋势和相关关系。对于访谈和案例数据，我们将运用内容分析方法，深入挖掘其中的内涵和关联。这样的混合研究方法将使我们能够更全面、多角度地理解中华优秀传统文化在大中小学一体化实践中的实际效果，为研究问题提供更为全面和深入的解读。

最后，通过对数据的解释与应用，我们将得出关于中华优秀传统文化在现代教育中的实际影响的科学而可靠的结论。这一数据收集与分析的方法体系，旨在确保我们的研究在方法学上的科学性，为中华优秀传统文化在教育领域的实际应用提供具体而有力的依据。

第二章　中华优秀传统文化在大中小学教育中的渗透

第一节　中华优秀传统文化融入学科教学的实践与效果

一、学科教学中传统文化元素的引入

在学科教学中融入中华优秀传统文化元素是一项既具有挑战性又富有创新性的任务。

（一）传统文化元素在语文教学中的引入

在语文教学中融入中华优秀传统文化元素是一项既富有挑战性又富有创新性的任务。教师在实施这一任务时，首先需要深入研究学科内容，精心挑选经典文学作品，如《红楼梦》《论语》等。通过深度文本分析，教师能够揭示这些作品中所反映的传统价值观念和深厚文化内涵。例如，在解读《红楼梦》时，可以引导学生理解其中蕴含的家族观念、人物关系、礼仪道德等传统文化元素，使学生从中领悟到传统文化对人性、家庭伦理的深远影响。

在教学实践中，教师通过对作品中人物性格和情节设计的讲解，能够引导学生深入思考作品背后蕴含的文化价值观。例如，《论语》中的仁义道德观念，可以通过教师的解读和学生的讨论展现在学科教学中。通过对传统文学作品的深度剖析，学生不仅能够理解传统文化的精髓，还能够在文学鉴赏中培养对人性、情感的敏感度。这种通过文学作品传递的情感体验和道德启迪，对学生全面素养的培养起到了积极的推动作用。

在语文教学中，传统文化元素的引入也不仅局限于文学作品。教师可以通过教授传统修辞手法，使学生逐渐熟悉并理解传统文化在语言表达上的独特之处。通过实际的语文写作实践，学生可以运用传统文化元素，提升他们的语言表达能

力,并更深刻地领悟中华优秀传统文化对语文艺术的独特贡献。

(二)传统文化元素在科学教学中的应用

在科学教学中融入中华优秀传统文化元素是一项具有创新性和启发性的探索。教师可以通过引入传统医学知识,向学生介绍中草药的应用和传统农耕文化对农业的深远影响,从而使科学教育更加贴近学生的日常生活,并拓展他们对科学的认知。

首先,通过对中医典籍的分析,教师能够引导学生深入了解中草药的药性和运用。例如,通过学习古代医学经典,学生可以探讨中草药在中医理论中的地位,理解其在治疗疾病和调理身体方面的独特作用。这不仅为学生提供了传统医学知识,还培养了他们对科学研究的兴趣和好奇心。

其次,通过介绍传统农耕文化对农业的影响,教师可以让学生深刻认识到中华传统农耕文化在现代农业发展中所发挥的作用。通过讲解古代农耕技术和农业文化,学生可以了解到中国古代农业在水利灌溉、土壤改良等方面的先进经验。这为学生提供了在科学实践中运用传统农耕智慧的机会,同时激发了对现代农业科技的思考和探索。

通过将传统文化元素融入科学教学,不仅能够丰富学科内容,更能够促使学生对科学产生更深层次的认识。这种创新性的教学方法既弘扬了中华优秀传统文化,又拓展了学生对科学知识的理解,为培养具有创新思维和跨学科能力的学生奠定了基础。这样的教学策略在推动学科教育创新和传承中华优秀传统文化方面发挥着重要的作用。

(三)设计中的巧妙之处与学生体验

在巧妙地融入传统文化元素的教学设计中,教师的策略和手段至关重要。通过巧妙运用多种教学工具,教师可以激发学生的兴趣,提高他们对学科学习的积极性。

首先,多媒体是一个重要的教学辅助手段。通过图像、音频、视频等形式,教师可以将传统文化元素呈现得更加生动形象。例如,在语文教学中,可以通过演示古代文学作品的插图、背景音乐,让学生更好地理解作品背后的文化内涵;在科学教学中,通过多媒体展示传统农耕文化的影响,使学生能够直观感受到古代农耕技术的智慧。

其次,情景模拟也是一种有效的教学手段。通过模拟古代生活场景、文化体验活动,教师可以让学生更深入地感受中华优秀传统文化的魅力。例如,通过组织实地考察古代建筑、举办传统手工艺制作活动，学生不仅能够在实践中了解文化，还能够在亲身参与中深化对传统文化的认知。

最后，教师需要注重引导学生主动思考。在教学过程中，鼓励学生提出问题、展开讨论，培养他们对传统文化元素的理解深度。通过开展小组研究、学科项目等形式，学生可以在团队中交流思想，形成对传统文化的共同认知，进而提升他们的自主学习和跨学科思维的能力。

通过以上巧妙设计，学生不仅是在传统文化元素的学科学习中获得知识，更是在情感体验中建构对传统文化的认同。这样的教学方法不仅增强了学科学习的趣味性，也培养了学生对中华优秀传统文化的浓厚兴趣和情感认同，为他们的全面发展奠定了坚实基础。

二、教学实践中的案例分析

通过实际的教学案例，我们可以更加具体地了解传统文化融入学科教学的实践效果。以中学英语学科为例，在初中英语教学中融入中华优秀传统文化，不仅是为了有效促进学生英语学科核心素养的发展，使学生成为社会所需要的综合素质全面型人才，更是为了使学生肩负起传承中华优秀传统文化的艰巨任务。因此，在实际的教学过程中，为了加强中华优秀传统文化的学习，教师要挖掘教材中的传统文化元素，使传统文化更好地融入英语教学中。通过这样的英语教学，推动学生对于中国文化的了解，激发学生的民族自信心。

（一）初中英语教学中华优秀传统文化的融入现状

在当前初中英语教学阶段，中华优秀传统文化的融入与传承存在一些不足之处。

首先，教师对教材内容的拓展不够重视。尽管教材中已经融入了不少中国传统文化元素，如美食、服饰等，但部分英语教师仍然将教学重心放在语言知识的学习上，较为关注语法和句型，而对传统文化元素的引入关注不够。这导致学生能够完成书写任务，却难以在实际生活中应用传统文化，影响了文化传承的深度。

其次，教学的缺失也是问题所在。语言与文化密不可分，但在初中英语教学中，教师未充分意识到通过语言传播中华文化的重要性。教学目标偏重学生的学科成绩，忽视了培养学生对文化的理解和传播能力。采用的教学方式偏向死记硬背，缺乏多元化的教学手段，限制了学生综合能力的发展，导致他们难以运用英语传播中华文化。

最后，教师、学生及家长对传统文化认可度不高也是一个制约因素。当前环境下，追求分数成为共识，而对于教材中的传统文化元素，教师、学生及家长普遍认可度不高，认为学生容易受到社会环境的影响，盲目追求品牌效应，向往外国文化，导致对中华优秀传统文化的认同感下降。

（二）初中英语教学融入中华优秀传统文化的意义

在当前初中英语教学的新课程改革背景下，融入中华优秀传统文化具有重要的意义。

首先，教育学者们倡导实施素质教育，强调培养学生核心素养。传统的初中英语教学往往仅限于教材中的材料和预设的目标，忽略了知识背后的深层次意义。通过在初中英语教学中融入中华优秀传统文化，可以拓展学生的课外知识，拓宽学生的知识面，激发学生的自主学习能力和创新思维能力。

其次，融入中华优秀传统文化有助于促进传统文化的发展和传承。中华优秀传统文化源远流长，不仅需要注重文化的不断发展，更需要进行文化的传承。在新的教学背景下，教师应将中华优秀传统文化融入教学的各个环节，从而加大文化的发展和传承的力度，使学生在学习英语的同时也能感受到中华优秀传统文化的深厚底蕴。

最后，初中英语教学中融入中华优秀传统文化有助于提高学生的综合素质。传统文化的融入不仅引导学生形成正确的人生观和价值观，还使学生具备更为丰富的文化底蕴，增强了学生的民族自信心。通过对传统文化的学习，学生能够领略到传统文化的魅力，从而培养出更加积极向上、有爱国意识的学生。

初中英语教学中融入中华优秀传统文化不仅能够促进学生的综合素质发展，还能够推动传统文化的发展和传承。这对于构建更为丰富多元的教育体系、培养具有深厚文化底蕴的新一代青年具有积极的推动作用。

（三）初中英语教学融入中华优秀传统文化的策略

在推动初中英语课程改革发展的过程中，有意识地融入中华优秀传统文化，能够从多方面丰富教学内容，提高教学质量，使教学活动更加富有新意，因此，在实际教学中，教师要仔细钻研，在初中英语教学中充分融入中华优秀传统文化，促进学生全面发展。

1. 挖掘教材内容，以传统文化丰富教学内容

在初中英语教学中，教材内容的限制使学生难以深入了解中华优秀传统文

化。因此，教师在设计教学方案时，应从教材中挖掘传统文化内容，进行拓展和延伸，以丰富课堂教学内容，使学生更清晰地认识中华优秀传统文化的特点。

以《How Can We Become Good Learners》这一教学内容为例，该课程的主题围绕各种学习方法和策略展开，通过学习句型"How do you study? I study by..."，引导学生展开交流。在实际教学中，教师可以首先通过提问引发学生的思考，例如："What good ways do you know to learn English？"激发学生表达欲望，使学生迅速进入课堂教学氛围。

随后，教师可以巧妙地引入中华优秀传统文化元素，如引入与学习方法、求知态度相关的《论语》《劝学》等古文。通过让学生尝试翻译并进行分析，教师引导学生表达对文章内容的看法，鼓励他们自由发表意见，创造自由的谈话环境。通过这一步骤，学生能够更深入地了解中华优秀传统文化的博大精深。

最后，教师可以运用抽签的方式，让学生结合英语文章和《论语》中的思想观念，用英文进行总结。通过这种方式，学生不仅提升了归纳总结和英语知识的应用能力，还在实践中感受到中华优秀传统文化的独特魅力。

通过挖掘教材内容，教师可以使初中英语教学更具有深度和广度，培养学生对中华优秀传统文化的兴趣和理解，从而实现初中英语课堂中融入传统文化的教学目标。

2.创设教学情境，激发学生的学习兴趣

在初中英语教学阶段，通过创设生动有趣的教学情境，教师能够引导学生在情境中进行想象，促进学生想象力和创造力的发展，同时有效激发学生的学习兴趣，为学生营造良好的学习氛围。为了更好地融入中华优秀传统文化内容，教师可以巧妙地运用情境创设的方式，激发学生对传统文化的探索欲和求知欲。

以教学内容为例，在"Do you have a soccer ball"这一话题中，学生主要学习动词 have 的一般现在时用法，以及使用 do 和 does 引导的一般疑问句构成和简单回答。教师可以围绕"和朋友一起欢度时光"的话题设置任务，让学生互相询问爱好的运动，并根据情况发出邀请，学会用 have 对物品的所属进行提问与回答。

在实际教学中，教师可以通过使用多媒体课件的形式，引入与教学内容相关的中华优秀传统文化素材，从而创设情境，使学生更好地了解传统文化。例如，在展示体育赛事中中华民族精神和人格魅力的视频后，教师可以呈现几张中国体育历史的图片，引导学生思考有关中国体育历史的问题，如"Do you know what is the first sport in China？"或"Which sports celebrities do you know in China？"

学生在这个情境中将会积极踊跃地回答问题，教师可以利用这个契机，结合课件展开延伸教学，使学生了解我国古代竞技体育的发展。这样的情境创设不仅可以拓宽学生的知识面，同时在情境中加强学生文化素养的培养，使学生更深刻地了解中华优秀传统文化的博大精深。通过情境创设，教师成功地将中华优秀传统文化融入英语教学中，为学生提供了更为丰富和深刻的学习体验。

3.组织互动探讨，增强学生的文化交流

在初中英语教学中，为了更好地让学生了解中华优秀传统文化，教师可以将中华优秀传统文化融入各个环节的教学中，通过组织互动探讨，增强学生的文化交流，创造一个积极的学习环境。在小组合作的教学形式下，教师可以设计符合学生能力的话题，结合教学内容或教材中的元素，为学生提供文化互动交流的场所，使学生在小组交流中进行思想上的碰撞，从而达到传承中华优秀传统文化的目的。

以"Have you ever been to a museum？"教学为例，此单元主要学习如何谈论过去的经历，谈论曾经去过的地方，其语法项目主要是学习现在完成时的用法。在3a部分的对话中，学生通过谈论自己去过的博物馆来实践这一语法项目。为了融入中华优秀传统文化，教师可以选择提取文章中的相关元素，如茶文化，将其融合到英语教学中。

首先，教师引导学生阅读关于茶叶博物馆的文章，并提取相关信息。

其次，通过小组形式，让学生分享自己了解到的关于茶文化的内容。

最后，教师借助多媒体课件，展示更多关于茶文化的信息，包括茶叶的制作过程、泡茶和品茶的方式等。通过这样的形式，学生在互动交流中深入了解茶文化，使茶文化得到更好地传承。

通过组织互动探讨，教师成功地将中华优秀传统文化融入英语教学中，为学生提供了更为广泛和深刻的学习体验。这种教学方法不仅促进了学生对英语知识的掌握，还培养了学生的文化素养，使他们在学习过程中更好地理解和体验中华优秀传统文化的独特魅力。

4.布置课后活动，提升学生的文化素养

在英语教学中融入中华优秀传统文化不仅能有效激发学生的学习兴趣，还有助于提高学生的文化素养。为了达到更好的传承效果，教师应当合理布置课后活动，将中华优秀传统文化的学习延伸至学生的课外时间，从而在学生的日常生活中深入渗透传统文化元素。

以"How are the shirts made？"教学为例，该单元主要围绕讨论衬衫的质地和产地展开，通过介绍各国传统文化元素，让学生能够感知并能够正确就产品的制作材料、产地等进行简单的交流。在 2b 部分 Beauty in Common Things 一文中，介绍了我国传统工艺孔明灯、剪纸、陶艺的制作等。学生通过对这些传统工艺的学习对英语产生了浓厚的兴趣。为了进一步加深学生对传统文化的了解，教师可以合理利用学生的好奇心，布置课后实践活动。

首先，教师鼓励学生通过互联网搜索与传统工艺相关的内容，拓展他们对传统文化知识面的了解。

其次，教师与学生组成小组，要求他们共同创作一个手稿，以"传统工艺"为主题，围绕孔明灯、剪纸、陶艺等内容展开，结合英语表达能力，以小组合作的形式进行创作。这样的活动不仅能够让学生在实践中运用英语知识，还能够深入了解中华优秀传统文化，并通过合作促进文化交流。

通过这样的课后活动，学生不仅能够学到知识，还能够在实际生活中深入了解并体验中华优秀传统文化的魅力。这样的综合学习方式既能提高学生的英语水平，又能够加深他们对中华优秀传统文化的认知，实现了文化素养的全面提升。

通过巧妙设计的课后活动，教师可以进一步推动中华优秀传统文化在学生中的传承，使之在英语学习中得以发扬光大。这样的教学方法既充分发挥了课堂教学的作用，又通过课外活动丰富了学生的文化体验，使中华优秀传统文化得到更好地传承和发扬。

三、教学效果评估与反馈

在引入传统文化元素后，对教学效果进行全面地评估是不可或缺的一环。通过定期的课堂观察、学生作业分析以及定量的测评手段，教师可以客观地评价学科教学中传统文化融入的实际效果。

1. 定期课堂观察与学生作业分析

在引入传统文化元素后，教师应通过定期的课堂观察来评估学生的学科知识掌握程度以及对传统文化的理解水平。观察学生在课堂上的参与度、对传统文化元素的接受程度以及知识运用的情况。此外，通过仔细分析学生的作业，特别是涉及传统文化元素的作业，可以更深入地了解学生在实际操作中的表现。这样的观察和分析可以为教师提供直观的教学效果反馈，指导教学的调整和优化。

2.定量测评手段的应用

教师可以采用定量的测评手段，比如定期的测验和考试，来全面评估学生在学科知识和传统文化方面的掌握情况。这些测评可以涵盖不同层次的认知水平，从记忆、理解到运用等多个层面。通过分析学生的测评结果，教师可以更具体地了解学生在哪些方面存在困难，以便有针对性地进行教学改进。

3.学生反馈问卷和小组讨论

学生的反馈是评估教学效果的重要依据之一。教师可以设计并分发学生反馈问卷，收集学生对传统文化元素的认知、接受程度以及对教学方法的反馈意见。此外，通过小组讨论，可以促使学生在集体中交流彼此的理解和看法。这种互动性的反馈机制有助于教师发现教学中可能存在的问题，并为进一步的教学调整提供参考。

4.多维度的评估重点

评估不仅关注学科知识的传授，还应关注学生对中华优秀传统文化的深度理解。因此，评估的重点应包括学生的情感体验、文化素养和批判性思维等多个方面。通过多维度的评估，教师可以更全面地了解学生在中华优秀传统文化融入学科教学过程中的学术和情感体验。

在教学效果评估的基础上，教师可以针对性地进行教学方法和内容的优化，确保中华优秀传统文化元素的引入不仅是形式上的融合，更要达到深刻的学科与文化交融的效果，为学生提供更为丰富和有深度的学科学习体验。

第二节 课外活动与中华优秀传统文化教育的结合

一、课外活动设计中的文化元素

（一）文化元素的整合

1.传统文学元素的选择

在设计课外活动时，传统文学元素的选择至关重要，其关键在于巧妙整合中华优秀传统文学元素，使其与活动主题相得益彰。一种创新的方式是通过组织传统文学朗诵比赛，让学生通过朗诵古诗词、经典散文等传统文学作品，深刻感受其中蕴含的丰富文学意蕴。这不仅能够帮助学生更深入地了解传统文学，还有助于培养其语言表达和朗诵技巧。

在传统文学的选择上,可以精心挑选一些经典的作品,如《论语》《红楼梦》等。通过组织朗诵比赛,引导学生深入解读这些经典之作,从中领悟其中蕴含的哲学思想和丰富的文化内涵。通过学生对这些文学巨著的深入理解,不仅能够拓宽其文学视野,还能够培养他们对中华优秀传统文化的独特感悟。

此外,选择经典作品也有助于激发学生的文学兴趣,使他们在课外活动中更加主动地投入文学学习中。通过传统文学元素的融入,学生能够在朗诵比赛中感受到中华传统文学的深厚底蕴,增强对文学的热爱与理解。这种方式不仅传递知识,更是一种对传统文学的亲身体验和情感沉淀,使学生在活动中真切地感受到中华传统文学的独特魅力。因此,在课外活动设计中,传统文学元素的巧妙选择和整合成为促进学生文学素养提升的关键一环。

2.传统艺术元素的引入

在设计课外活动时,引入传统艺术元素是丰富活动内容的重要方式。通过将传统艺术形式融入课外美术活动,可以有效拓宽学生的艺术视野,使其深刻体验传统艺术的独特魅力。在这一过程中,组织书法比赛、国画创作等活动是非常有益的,它们能够激发学生对传统艺术的兴趣和创作热情。

首先,通过学习传统绘画和书法等艺术形式,使学生有机会了解传统艺术的精髓,从中领略到中国传统文化的深邃内涵。组织书法比赛,可以让学生通过练习传统的毛笔字,感受中国书法的独特之美。同时,通过国画创作活动,学生能够亲身体验传统艺术的表达方式,感受国画的神韵和意境。

其次,这些活动不仅是对传统艺术的欣赏,更是学生参与其中的机会。通过亲身参与书法比赛或国画创作,学生能够发挥自己的创造力,表达个性化的审美观点。这种参与感使学生更加深入地理解和感受传统艺术,同时也培养了学生的艺术创作能力。

通过这些课外美术活动,学生不仅能够欣赏传统艺术的博大精深,还能够通过亲身参与,体验传统文化的独特魅力。这样的设计既能够拓展学生的艺术眼界,又能够加深他们对传统文化的认知。因此,在课外活动中引入传统艺术元素,为学生提供了更加全面和深入的传统文化体验。

(二)历史文化考察与实践

1.实地参观与文化遗迹的探索

在课外活动设计中,通过组织历史文化考察活动,学生有机会亲身感受中华优秀传统文化的深厚历史底蕴。一种创新的方式是组织学生参观博物馆和古建筑等文化遗迹，以实地考察的方式引导学生深入了解古代建筑和器物的制作和使用，从而激发他们对传统文化的浓厚兴趣。这一活动旨在通过实地参观，使学生更直观地感受到历史文化的沉淀和传承，从而增强他们对传统文化的认同感。

首先，博物馆是传承和展示中华优秀传统文化的重要场所。通过组织学生参观博物馆，可以让他们近距离接触到丰富的文物和展品，从而了解古代文明的瑰宝。博物馆中的展品包括各个历史时期的艺术品、器物、手工艺品等，通过观察和解读这些展品，学生可以深入了解古代人们的生活方式、思想观念和社会制度。这样的实地参观能够让学生更加贴近传统文化，使他们对传统文化有更深刻的理解。

其次，古建筑作为传统文化的代表，承载着丰富的历史文化内涵。通过组织学生参观古建筑，如古寺、古庙、古宅等，可以让他们亲身感受到传统建筑的雄伟气势和独特风格。学生在实地参观的过程中，不仅能够欣赏到古建筑的艺术之美，还能够了解到建筑背后蕴含的历史文化故事。这样的文化遗迹探索活动能够激发学生对传统文化的浓厚兴趣，使他们对历史的认知更加生动和深刻。

通过实地参观文化遗迹的课外活动设计，不仅让学生直接感受到传统文化的魅力，同时培养了他们对历史的好奇心和热爱。这种深度的参与和体验有助于增强学生对传统文化的认同感，使其更深层次地融入传统文化的传承中。

2. 文学作品与校园园林设计的结合

将文学作品与校园园林设计结合，可以通过组织学生进行实践活动，将文学中的艺术元素融入实际的校园园林设计与建设中。这样的实践活动不仅促使学生将文学作品的抽象概念具体化，而且使他们在校园环境中感受到传统园林文化的独特魅力。这种结合实践的方式既有助于增强学生对文学作品的理解，也培养了他们的创新能力和实际操作能力。

在校园园林设计活动中，首先可以选择具有代表性的文学作品，如《红楼梦》中对园林的描写。通过对小说中的园林元素进行解读，学生能够理解其中蕴含的文化内涵和审美观念。教师可以引导学生挖掘小说中的细节，如景点、植物、建筑等元素，然后将这些元素与实际的校园园林设计相结合。

其次，在实践活动中，学生可以分组进行校园园林设计和建设。每个小组可以选择一个特定的主题或概念，根据《红楼梦》中的园林描写，将文学作品中的艺术元素运用到设计中。例如，可以模仿小说中的湖泊、假山、亭台等景点，将其融入校园景观设计中。通过团队合作，学生可以发挥创造力，设计出独具特色的校园园林。

最后，实际的建设过程将文学作品中的想象转化为校园中的具体景观。学生可以参与到树木种植、石雕塑造等活动中，亲身体验设计理念的实际呈现。这种实践过程既加深了对传统园林文化的感受，也培养了学生的动手能力和实际操作能力。

通过将文学作品与校园园林设计结合的实践活动，学生在参与设计的过程中既能够深入理解文学作品的内涵，又能够培养创新意识和实际操作技能。这种结合实践的教学方式有助于打破传统学科的界限，促使学生在跨学科的背景下全面发展。

二、学生参与度与反馈

（一）活动前的学生调查与兴趣引导

1. 问卷调查与座谈会

在构建课外活动前，我们通过多层次、多元化的学生调查方式，以问卷调查和小组座谈会为主要手段，全面了解学生对中华优秀传统文化的兴趣和认知水平。通过对问卷（见附录一）的设计，我们系统性地覆盖了中华优秀传统文化的各个方面，涵盖了传统节日、文学、艺术等多个维度，以深入洞察学生对传统文化的了解程度和兴趣点。问卷调查的设计不仅考虑了量化数据的获取，还注重了对学生主观看法和期望的开放性探讨。

在问卷调查的基础上，我们引入小组座谈会作为深层次的补充。座谈会为学生提供了一个自由开放的平台，鼓励他们畅所欲言，表达对传统文化的看法。这一环节强调了主观体验和个人情感的表达，有助于我们更全面地掌握学生对中华优秀传统文化的态度和情感投入。通过这种深入的定性调研，我们能够更好地理解学生对传统文化的感知和认知，为后续活动的精准设计提供了重要的参考。

问卷调查和座谈会的结合，旨在构建一个全面而深入的学生画像。通过统计分析问卷数据，我们能够量化了解学生对传统文化各方面的整体认知水平，而座谈会则提供了更为生动、直观的个体表达。这两种手段的有机结合，不仅能够深度挖掘学生的文化需求，还能揭示其中的个体差异和深层次的文化体验。这为我们设计更具针对性和吸引力的课外活动提供了基础。

2. 结果分析与调整

通过对学生的调查结果进行综合分析，我们能够辨别出不同的兴趣群体，深入了解他们在中华优秀传统文化方面的文化偏好。这种分类和综合分析的手段使我们能够更全面地洞察学生的文化兴趣，并更好地满足不同群体的需求。在了解学生的文化偏好的基础上，我们将灵活地调整活动内容，以确保活动更贴近学生的兴趣点。

个性化的设计是基于对学生群体差异的深入理解而实现的，这有助于激发学生的参与热情。通过调查结果的综合分析，我们能够创造性地设计活动内容，使其更符合不同兴趣群体的文化需求。这种个性化设计不仅能够提高学生的参与度，还有望激发他们更深入地了解和体验传统文化的意愿。

在调整活动内容时，我们需要深入挖掘调查数据，分析不同兴趣群体的共性和差异，以制定更具针对性的策略。例如，对于对传统节日有浓厚兴趣的学生群体，我们可以设计更多涉及传统节日庆祝和活动的内容；对于对传统文学感兴趣的学生，可以加入文学赏析或创作活动。因此，这种精准的调整有助于提升活动的吸引力和实际效果。

个性化设计不仅是内容上的差异化，还包括活动形式和互动方式的个性化。通过分析调查数据，我们可以了解到不同兴趣群体的学习偏好和习惯，从而调整教学方法和活动形式，更好地促使他们参与其中。例如，对于偏好团队合作的学生，可以设计小组互动环节；对于喜欢独立思考的学生，可以设置个体创作和分享环节。这种差异化的设计将更有可能引发学生的热情参与，提升整体的活动效果。

通过对调查结果的深入分析和差异化的个性设计，我们可以更好地满足不同群体的文化需求，激发他们更深层次的兴趣与参与热情。这种以学生为中心的个性化设计不仅能够提高文化传承活动的吸引力，还有望培养学生对中华优秀传统文化的深刻理解和热爱。

3. 文化元素介绍

在活动策划的初期，进行文化元素的深入介绍是确保学生参与度和激发兴趣的重要步骤。这一阶段的目标是通过向学生呈现即将涉及的文化内涵，提高他们的文化认知水平，同时在心理上预热学生对活动的兴趣，为他们的主动参与奠定基础。

首先，文化元素的介绍应该涵盖中华优秀传统文化的多个方面，包括但不限于传统节日、文学经典、艺术形式等。通过生动而翔实的讲解，学生能够对这些文化元素有更为深入的理解，从而培养对传统文化的浓厚兴趣。例如，通过介绍春节的起源与习俗，学生可以更好地理解中国传统节日的文化内涵，增强对春节的参与意愿。

其次，文化元素的介绍关键在于以启发性和引导性为主导，而非简单的传授。引导性的介绍可以通过提问、讲故事等方式实现，以激发学生的好奇心。例如，通过讲述古代文学作品的背后故事或通过展示传统艺术作品的独特之处，引发学生的思考和兴趣。这样的引导性介绍有助于打开学生对传统文化的认知之门，让他们更主动地投入后续的活动中。

最后，为了更好地满足不同学生的认知水平和兴趣点，文化元素的介绍应当具有多样性。可以结合图文并茂的资料、多媒体演示以及实物展示等形式，使介绍更为生动直观。在活动前的文化元素介绍阶段，教师应当注重与学生的互动，鼓励他们提出问题、分享观点，增强对文化元素的深度理解。

通过精心设计和进行文化元素的介绍，我们能够为学生在后续文化传承活动中的主动参与奠定基础。这不仅有助于提高学生的文化认知水平，更能够在心理上点燃他们对传统文化的热情，为活动的顺利开展和取得良好效果打下坚实的基础。这样的策略不仅是激发学生兴趣的手段，更是一种以学生为中心的文化教育方法，有望培养学生对中华优秀传统文化的深刻理解和积极参与的态度。

（二）活动中的引导与反馈机制

1. 积极引导参与

在活动进行的过程中，教师的积极引导起着至关重要的作用，有助于塑造一个鼓励学生参与、激发创造力的学习氛围。教师在这一过程中扮演着积极的引导者角色，通过巧妙设计的小组合作、角色扮演等形式，旨在激发学生的积极参与，以确保每位学生都有机会充分发表自己的意见和看法，从而提高他们的参与度。

一方面，在小组合作中，教师可以有意识地组织学生形成具有多样性的小组，以确保每个小组内的成员在文化活动中能够发挥各自的优势。通过这种方式，不同层次、不同兴趣的学生能够在小组中互相启发、交流，促使团队协作，使整个小组活动更为丰富多彩。教师的角色在这个过程中不仅是监督者，更是引导者，引导学生建立团队合作精神，发挥个体优势。

另一方面，通过角色扮演的形式，教师可以创造出更具情境感的学习场景，使学生能够在模拟的情境中更深入地理解和体验中华优秀传统文化。这种亲身参与的方式不仅能够提高学生的学习兴趣，还能够加深他们对文化内涵的理解。教师在这一过程中的引导要注重引发学生的思考，使他们通过角色扮演更好地理解和融入传统文化。

为确保每位学生都能够充分参与，教师应当关注群体中可能存在的个体差异。通过设立鼓励发言的机制，如奖励鼓励或定期轮值发言，使每位学生都有机会表达自己的观点。此外，教师还可以采用轮流指导的方式，确保每个小组都能得到充分的关注和指导。这种个性化的关注有助于降低学生的沉默感，激发他们更积极地参与到活动中。

教师在活动过程中的积极引导是文化传承活动成功的关键。通过设计合适的学习形式和互动机制，教师能够有效激发学生的参与度，提高整体学习效果。这种引导不仅关注知识的传递，更注重培养学生的团队协作精神和创造力，使他们在活动中真正体验到中华优秀传统文化的魅力。

2. 设置反馈环节

在活动进行的过程中，为了更全面地了解学生对中华优秀传统文化的理解和感悟，我们设计了多个反馈环节，旨在促使学生分享个人见解，通过这些分享来增强学生之间的文化交流。这些反馈环节采用多样化的形式，包括小组展示、个人演讲以及书写反馈报告等方式，以确保学生在表达的过程中能够更深入地理解传统文化的内涵。

首先，小组展示是一个鼓励学生分享对传统文化理解的重要环节。通过小组合作的形式，学生能够共同讨论、整理各自的观点，并通过展示的方式呈现给整个班级。这种形式既促进了学生之间的合作与交流，又能够让不同小组的成员从彼此的分享中获得新的启发和认知。同时，教师可以通过对小组展示的点评和引导，进一步引导学生深入挖掘传统文化的深层内涵。

其次，个人演讲是另一种有效的反馈方式。在这个环节中，学生有机会以个体的身份表达对传统文化的理解和感悟。通过个人演讲，学生能够更直接地表达自己的思考，展示独立的见解，并在表达的过程中增强对传统文化的认知。这种形式也有助于培养学生的表达能力和自信心，提高他们在公共场合表达观点的能力。

最后，书写反馈报告是一个能够深入挖掘学生个体思考的环节。通过书写反馈报告，学生能够更加深入地反思自己对传统文化的认知，将个人理解以文字形式记录下来。教师可以要求学生关注个人体验、情感感悟等方面，从而使得反馈更为丰富。这也是一个培养学生书面表达能力、思辨能力的过程，通过文字表达，学生更容易表达出内心深处对文化的认知。

通过设置这些多样化的反馈环节，不仅能够促使学生更积极地参与活动，还能够深入了解每位学生对传统文化的个性化认知和感悟。这种反馈机制有助于形成一个积极互动的学习氛围，促使学生在表达和分享中更深度地理解和体验传统文化的魅力。在这个过程中，教师的角色不仅是知识的传递者，更是引导者，引导学生更深层次地思考和交流。

3. 实时反馈与调整

教师在文化传承活动中的关键职责之一是及时收集和分析学生的反馈信息，以实现对活动的实时调整和优化。这种实时反馈机制通过观察学生的表现、倾听他们的意见，旨在深入了解学生对活动的认知和接受程度。这不仅为教师提供了关键的数据支持，同时确保了活动在整体上更具吸引力和有效性。

通过观察学生的表现，教师可以收集到许多有关学生参与度和活动体验的信息。例如，可以通过学生的互动、表情以及参与小组活动的积极程度等方面进行观察。这种非言语性的反馈能够让教师更加直观地了解学生对活动的态度和反应。同时，教师还可以通过设立反馈表情或手势的机制，鼓励学生在活动过程中及时表达自己的感受，以便教师更全面地捕捉学生的反馈。

此外，教师还需要主动听取学生的意见和建议。通过设立反馈会议或定期开展小组座谈会，教师可以向学生询问他们对活动的看法、期望和建议。这种开放性的反馈机制有助于深入了解学生的真实想法，发现可能存在的问题，并从学生的角度获取对活动的深层次认知。教师在这一过程中要保持开放心态，积极倾听学生的声音，以促使更有建设性的反馈信息的收集。

通过收集和分析实时反馈信息，教师可以更具针对性地调整活动内容。这包括对活动中的教学方法、互动形式、内容设置等进行调整，以更好地迎合学生的需求和期望。例如，如果观察到学生在某一环节的参与度较低，教师可以迅速做出反应，通过调整活动形式或提供更详细的文化元素介绍来激发学生的兴趣。这种及时的调整不仅能够提高整体活动的吸引力，还能够使学生更好地理解和体验传统文化。

三、课外活动对学生全面发展的影响

（一）认知水平的提升

1. 活动设计的亲身实践与认知水平提升

在课外活动中融入中华优秀传统文化元素，学生不是被动接收信息，而是通过亲身实践提升自己的认知水平。参与文学朗诵、艺术创作等活动，学生能够拓展知识面，深入了解传统文化的多个层面。通过实际参与，学生将理论知识转化为实践经验,从而提升了对传统文化的认知水平。

2. 多元活动形式的认知拓展

课外活动的设计应该注重多元活动形式的运用,例如举办文化沙龙、座谈会等,使学生能够通过不同形式的交流和互动,拓展对传统文化的认知。这种交流方式有助于学生更全面地了解文化内涵,促使其形成更为深刻的认知。

(二)情感态度的培养

1. 实地考察和参与的情感体验

参与传统文化课外活动有助于培养学生对中华优秀传统文化的积极情感态度。通过实地考察古迹、参与传统文化传承活动,学生能够深刻感受到传统文化的魅力,增强对传统文化传承的使命感。这样的情感体验有助于激发学生对传统文化的热爱和情感投入。

2. 文化活动对情感态度的影响

通过参与文学、艺术等文化活动,学生在表达自己情感的同时,也更容易产生对中华优秀传统文化的认同和热爱。例如,在参与传统音乐演奏中,学生能够感受到音乐所蕴含的情感,从而培养积极的情感态度。

(三)综合素养的提高

1. 多样化课外活动对素养的全面提升

课外活动的多样性对学生综合素养的提高起到了积极的作用。通过参与传统艺术表演、文学创作等活动,学生在表达能力、团队协作等方面都得到了锻炼。这样的综合素养培养有助于学生更好地适应未来的学科学习和社会生活,为其全面发展奠定基础。

2. 活动中的素养培养与未来发展的关联

参与传统文化课外活动,学生在实践中不仅获取了知识,更培养了批判性思维、解决问题的能力。例如,在参与传统文学作品创作时,学生需要灵活运用创新思维,融入传统元素,这培养了学生的创造性思维和实践能力。

(四)培养创新思维和实践能力

1. 传统文化元素的创新引入

在课外活动中引入传统文化元素有助于培养学生的创新思维和实践能力。例如,在参与传统文学作品创作的活动中,学生需要发挥想象力,巧妙地融入传统文化元素,这培养了学生的创新思维。这种创新思维的培养对学生的未来发展具有积极的促进作用，使其具备更强的适应力和创新力。

2.实践能力的培养与传统文化活动的结合

通过参与传统文化活动，学生能够在实践中培养解决问题的实践能力。例如，在文学朗诵活动中，学生需要理解文学作品的内涵，并通过朗诵方式传达给观众，这不仅锻炼了学生的口头表达能力，也培养了解决实际问题的实践能力。

第三节 学校文化建设与中华优秀传统文化教育的整合

一、学校文化建设的框架与目标

（一）学校文化建设的框架

学校文化建设是学校整体发展战略的重要组成部分，其框架应该基于整体教育理念和学校的愿景使命。

1.明确学校核心价值观

学校文化的塑造始于明确而深刻的核心价值观。核心价值观不仅是学校愿景和使命的具体表达，更是学校文化的灵魂和精髓。这一价值观的制定涉及对学校所处社会环境和教育方向的深入认知，必须具备现代性和可持续性，以引领学校的长远发展。

在定义与制定核心价值观的过程中，首先需要对学校的愿景和使命进行深入的剖析。这不仅包括对学校目标的明确界定，还需要考虑学校对学生的期望、对社会的责任等方面的综合因素。例如，学校职能设定了培养全面发展的人才、倡导创新思维、关注社会责任等宏伟目标。通过对这些目标的梳理和分析，可以逐步形成具体、明确的核心价值观。

核心价值观的制定也需要紧密结合社会变革和教育趋势。在社会风气和教育理念不断变迁的大背景下，学校的核心价值观应当具备适应性，能够引领学校在时代变革中持续前行。这可能涉及对信息时代的理解、对全球化背景下国际化视野的认同等方面。制定核心价值观时，必须考虑未来教育的发展方向，确保其具备现代性，既能够立足当下，又能够为未来提供战略指引。

一旦核心价值观确立，对其传播与弘扬成为至关重要的任务。这不仅涉及对内部师生的传达，更需要通过各种途径进行广泛传播，以形成学校全体成员的共识。学校可以通过举办主题教育活动、制定相关政策文件、设立标志性的标识和标语等形式，将核心价值观贯穿于学校的方方面面。通过这些方式，学校能够在组织文化的层面上深化对核心价值观的理解，使其逐渐融入每个成员的行为规范和思维模式中。

2.包括学校的文化特色和标志性元素

每所学校都应该在其文化框架中注入自己的特色和标志性元素，以建立个性化的品牌形象。这一过程既涉及对学校内在资源的挖掘，也包括对学校历史、地域特色等方面的深度思考。确定文化特色和打造标志性元素是学校文化建设中的重要环节，旨在形成具有深厚内涵和独特标识的文化体系。

在确定文化特色的过程中，学校应深入挖掘学校的历史、地域特色等方面的资源。这可能涉及学校创立的缘由、曾经的重要事件、学校所在地的文化传统等。通过对这些方面的全面分析，学校可以找到独特的文化元素，例如学科优势、办学理念、教学方法等。这些元素应该能够凸显学校的特殊之处，体现其在教育领域的独特贡献。

在文化框架中打造标志性元素则具有重要象征意义。这包括学校的标志、校训、校歌等元素的设计与制定。标志性元素不仅是学校的象征，更是学校文化的具体表达和凝练。这些元素应当能够反映学校的文化特色，具备引导和激励师生的功能。标志性元素的设计需要深入挖掘学校的文化内涵，与学校的愿景、使命以及核心价值观相一致，形成学校文化的独特符号。

在这个过程中，学校需要借助设计专业人才、美术团队等资源，确保标志性元素的视觉效果和文化内涵相辅相成。这样的标志性元素不仅是外在的符号，更应当植根于学校的教育理念和办学宗旨之中，成为学校内外共鸣的文化象征。

3.考虑学校组织结构、师资力量等因素

学校文化框架的建设必须考虑学校的组织结构以及师资力量等因素，以确保文化建设的有序进行和取得实际成效。在这一过程中，组织结构的适应性和师资力量的培养与引领成为关键考量因素。

首先，学校文化应当与学校的组织结构相适应，以保障文化建设的顺利实施。学校的组织结构包括管理体系、层级关系等多个方面，其适应性对于文化建设的成功至关重要。如果文化建设与学校的组织结构脱离，可能导致实际操作时的困难和阻力。因此，在制定文化框架的同时，需要深入了解学校的管理模式，确保文化建设与学校的日常运作无缝衔接。例如，如果学校采用扁平化管理

第二章　中华优秀传统文化在大中小学教育中的渗透

结构，文化建设可以更加注重激发个体创新和自主性；而在传统的层级管理结构中，文化建设可能需要更加强调领导层的引领和推动。

其次，学校文化建设需要有具备文化领导力的师资团队。师资力量的培养与引领对于文化建设的成功起到决定性作用。培养这一团队需要通过相关的培训、交流机制，确保教职工对于学校文化框架的理解和认同。文化领导者应当具备对中华优秀传统文化的深刻理解，同时具备卓越的领导才能，能够在学校内部形成文化建设的引领力量。他们不仅在文化传承方面有所建树，更能够通过激发全体师生的文化参与意愿，推动文化建设取得实际成效。

在实践中，学校可以通过建立相关的师资培训机制、设立文化建设团队等方式，不断提升师资力量的文化素养。此外，学校领导层的支持和重视也是确保师资力量充分发挥作用的重要保障。

（二）学校文化建设的目标

1.培养积极向上的学校氛围

学校文化建设的首要目标是倡导并营造积极向上、向善的学校氛围，这一目标的实现将深刻影响学校内部的师生关系、学术氛围以及整体教育环境。通过构建正面、健康的文化价值观，学校能够促使师生形成共同的认同和行为规范，从而形成一个有益于全体成员发展的良好学校氛围。

在学校文化建设的过程中，塑造积极向上的学校氛围首先需要建设一种正面的文化价值观。这包括对中华优秀传统文化的深入理解，以及对其蕴含的积极向上的人生观、价值观的传承。通过在文化框架中强调共同的核心价值，如诚信、责任、团结等，学校能够引导师生树立积极向上的人生目标，并形成对这些价值的共鸣与认同。

文化建设还需要通过各种形式的文化活动来弘扬这一积极向上的文化氛围。例如，举办主题演讲、文艺汇演、志愿活动等，可以在活动中传递积极向上的信息，激发师生的积极向上的动力。这些活动不仅是文化建设的载体，更是塑造学校氛围的有效手段，通过文化活动的丰富多样性，形成全体成员的共鸣，使学校内部弥漫着积极向上的能量。

另外，学校领导层在文化建设中扮演着关键的角色。他们应当以身作则，积极践行文化价值观，成为学校文化的引领者。通过领导层的努力，学校的决策和管理将更加符合积极向上的理念，为全体师生提供更好的学习和发展环境。

培养积极向上的学校氛围是学校文化建设的根本目标。通过构建正面、健康的文化价值观、开展多样化的文化活动以及领导层的引领作用，学校能够实现师生的共鸣与认同，形成一个有益于全体成员成长的积极向上的学校氛围。这一氛围将为学校的长远发展和学生的全面成长提供有力支持。

2. 促进学生全面发展

学校文化的设计应当旨在促进学生的全面发展，学校不仅关注学生学术层面的成绩，更注重其品德、智力、体魄等多方面素养的培养。为实现这一目标，学校文化的塑造需要设定明确的全面发展目标，使学生在追求卓越学业成绩的同时，注重品德养成和综合素质的全面提升。

学校文化应设定明确的全面发展目标，将学生的成长定位为全面教育的重要任务。这包括通过课程设置、教育理念的宣导等方式，将品德、智力、体魄等方面的发展目标融入学校文化的核心价值中。明确的目标将有助于引导学校教育工作的方向，使全体师生都认同并积极投入到全面发展的实践中。

学校文化要注重在教育过程中培养学生的品德素养。这可以通过设定道德教育课程、举办品德培养活动等形式实现。学校文化应强调社会责任感、团队协作能力、自律自信等品德价值观，使学生在获取知识的同时，培养积极向上的人生态度和社会责任感。

同时，学校文化的设计也应该关注学生智力发展的多样性。除了传统的学科教育，学科文化应鼓励学科交叉、创新思维和实践能力的培养。通过提供多样的学科课程和实践机会，激发学生的兴趣，培养他们的批判性思维和解决问题的能力。

最后，体魄的培养也是全面发展的重要组成部分。学校文化应该支持和推动体育活动，通过体育锻炼培养学生的身体素质、团队协作精神和意志品质。体育活动不仅有助于学生身体健康，更培养了他们的领导力和团队协作精神。

3. 促进教职工团队建设

学校文化框架应当明确促进教职工团队建设，将其视为整体发展的关键因素。通过构建共同的价值理念和鼓励团队协作，学校文化能够提升师资队伍的凝聚力，增强团队协作能力，从而为学校的整体发展提供坚实的师资支持。

首先，学校文化的设计应明确教职员工团队建设的战略目标。这一目标应当紧密结合学校的发展规划，明确教职员工在整体发展中的重要作用。学校文化框架可以通过强调共同的使命和愿景，引导教职工形成对学校发展的共鸣和认同，激发大家共同努力的动力。

其次，学校文化要通过共同的价值理念弘扬团队协作精神。共同的价值观将成为教职工相互交流与合作的纽带，加强团队成员之间的信任和沟通。这可以通过设定明确的教育理念、职业道德规范等方式来实现，从而在整个师资队伍中形成一种积极向上、团结协作的文化氛围。

再次，学校文化的设计应当提供有力的支持机制，以促进教职工的团队建设。这包括建立有效的沟通渠道、举办团队建设培训、设立奖励机制等。通过这些机制，学校文化能够为教职工提供更多相互合作的机会，增进他们之间的了解，激发更多的创新和合作意愿。

最后，学校文化的框架还应强调领导层在教职工团队建设中的关键作用。领导者不仅需要起到榜样的作用，更需要具备领导团队的能力，通过有效的管理和引导，使团队的合作更加默契。学校文化的设计应鼓励领导者关注员工的职业发展和个人成长，以建立一种互信互助的关系。

二、传统文化在学校文化中的角色

（一）传统文化在学校文化中的体现

1. 学校文化符号的运用

在学校文化建设中，充分运用传统文化符号是塑造学校独特文化形象的重要手段。通过巧妙地使用传统文化符号，如书法、绘画、传统建筑等，学校可以打造一种富有文化底蕴、独具特色的校园文化，从而在师生中形成共鸣，以弘扬传统文化的精髓。

在学校文化建设中，传统文化符号的运用不仅是一种外在的表达，更是一种深刻的文化内涵传递。书法作品作为传统文化的代表之一，可以在校园内展示学生、教师甚至校友的书法才华，通过展览、比赛等形式，激发学校成员对传统文化艺术的兴趣，传承中华文化的书法之美。绘画作为另一种表现形式，可以通过美术馆、画廊等方式，展示学生的创意作品，凸显艺术的魅力，丰富校园文化的多元性。

传统建筑作为校园空间的一部分，也是文化符号的具体表现。学校可以在建筑设计中融入传统的风格元素，如古典庭院、传统园林等，以体现中华优秀传统文化的独特韵味。通过传统建筑的设计，不仅能够营造校园的独特氛围，也能够成为教育的一种形式，让学生在美丽的校园中感受传统文化的温馨。

此外，学校还可以运用传统文化符号举办各类文化活动，如传统节日庆祝、文化艺术展览等。通过这些活动，学校能够将传统文化符号融入师生的日常生活中，增强他们对传统文化的认同感，形成一种浓厚的文化氛围。

学校文化建设中传统文化符号的运用不仅是一种艺术表达，更是对传统文化内涵的传承和弘扬。通过对书法、绘画、传统建筑等符号的巧妙运用，学校能够打破传统与现代的界限，形成一种独特而有深度的文化体验，为学校的整体发展注入更多的文化底蕴。

2. 文化活动的设置

学校通过举办丰富多彩的文化活动，如传统文化节、讲座、展览等，为学生提供深入了解传统文化内涵的机会。这种方式不仅使传统文化成为学校教育的一部分，更将其融入学生的学习和生活中，从而提升他们对传统文化的认知水平。

在学校文化建设中，传统文化节是一个重要的组成部分。通过举办传统文化节，学校可以为师生创造一个全方位的文化体验平台。这可能包括传统手工艺品展示、传统美食品尝、传统表演艺术等，让学生在亲身参与中感受传统文化的魅力，增进对传统文化的了解与热爱。

此外，学校还可以组织传统文化讲座，邀请专家学者对传统文化进行深度解读。通过专业的讲解和互动交流，学生将更全面地了解传统文化的渊源、发展历程以及其在当今社会的重要性。这种形式的活动有助于拓宽学生的视野，提高学生对传统文化的认知高度。

文化展览也是传播传统文化的有效途径。学校可以举办传统文化艺术展览，展示传统绘画、雕刻、书法等艺术品，以及传统手工艺制品。通过观摩这些展览，学生不仅可以欣赏到传统文化的艺术之美，还能够了解其中蕴含的深刻文化内涵。

重要的是，这些文化活动要贴近学生的兴趣和实际需求，以引起他们的积极参与。学校还可以通过设置文化活动的竞赛环节，激发学生的创造力和参与热情。这种形式的活动不仅能够培养学生的综合素养，还可以为学校创造更为丰富的文化氛围。

通过文化活动的设置，学校能够将传统文化融入学生的学习和生活中，提升他们对传统文化的认知水平。这种方式不仅使传统文化更具体、更生动地呈现在学生面前，同时促使学生更积极地参与其中，为传统文化的传承和发展贡献力量。

3. 教育课程的整合

在语文教育中，可以通过选取古代经典文学作品，如《红楼梦》《论语》等，引导学生阅读理解传统文学的精华。通过对传统文学作品进行深入分析，学生不仅能够提高文学鉴赏能力，更能够理解其中蕴含的中华优秀传统文化价值观。

在历史教育中，可以通过深入研究历史文献、古代文物等，呈现中华优秀传统文化在漫长历史长河中的发展过程。学生通过对历史文化的学习，可以更好地理解传统文化在塑造中华民族历史和文明的过程中所扮演的重要角色。

在艺术教育中，可以将传统绘画、书法等艺术形式纳入课程内容，引导学生感受传统艺术之美。通过实践和创作，学生可以亲身体验传统艺术的独特魅力，培养审美情感，同时加深对传统文化的理解。

在科学教育中，可以以中医药知识、农耕文化等为切入点，将传统医学和农业智慧融入课程。通过了解传统科技在解决实际问题中的运用，学生可以更全面地认识传统文化对现代科技进步的积极影响。

在数学教育中，可以结合古代数学成就，如《九章算术》《孙子算经》等，培养学生对中华传统数学思想的理解和应用。通过学习古代数学方法，学生可以锻炼逻辑思维，培养数学兴趣。

这种跨学科的中华优秀传统文化元素整合不仅能够为学生提供更为综合丰富的学科知识，更能够让他们深刻理解传统文化的内涵，从而形成对中华优秀传统文化的浓厚兴趣和深刻理解。这样的教育策略有助于培养学生全面发展的素质，使他们在面对未来社会的复杂挑战时能够更具备综合素养和文化修养。

（二）传统文化与学校核心价值观的融合

1. 价值观一致性

在学科教育中，将中华优秀传统文化元素有机地融入各个学科，是一种有益的教育策略。这种整合不仅使学生在学习过程中获取丰富的知识，更让他们能够领悟传统文化的精髓，提高对传统文化的兴趣和深刻理解。

传统文化中蕴含的家国情怀、忠孝节义等价值观念与学校核心价值观的一致性是学校文化建设中的重要方面。通过深入挖掘传统文化的内涵，学校能够找到与自身价值理念相契合的元素，从而增强学校文化的内聚力。

在传统文化中，家国情怀被视为核心价值之一，强调个体对家庭和国家的责任与情感。这与学校培养学生责任感、爱国心等核心价值观是一致的。通过引导学生深入了解传统文化中的家国情怀，学校可以激发学生对家庭和国家的热爱，培养他们形成积极向上的人生态度。

忠孝节义是传统文化中的重要道德准则，注重对父母的孝顺、对朋友的忠诚以及对社会的奉献。这与学校价值观中强调学生品德养成、社会责任感等方面是一致的。通过将传统文化中的忠孝节义理念融入教育教学中，学校可以引导学生形成积极向上、有担当的品格。

在传统文化的核心价值观中，注重道德、正直、宽容等观念，与学校对学生进行德育教育的目标是一致的。学校可以通过传统文化的启示，引导学生树立正确的人生观、价值观，培养他们具有高尚道德情操和积极向上的品格。

通过保持传统文化中的价值观一致性，学校不仅能够传承中华优秀传统文化的精髓，还能够使学生在学校文化的熏陶下形成积极向上的人生态度。这种一致性不仅有助于学生在学校中更好地融入文化氛围，也为学校构建具有深厚文化底蕴的特色教育环境提供了坚实基础。

2.共生共荣

在学校文化建设中，现代元素与传统文化并非对立，而是可以共生共荣的。通过巧妙地整合，可以形成有机的文化结构，既保留了传统文化的独特性，又适应了现代社会的需求。

传统文化作为中华民族的文化基因，承载着丰富的历史和文化内涵。家国情怀、忠孝节义等价值观念一直是中华优秀传统文化的重要组成部分。然而，现代社会的发展对学校文化提出了新的要求，需要更好地培养学生适应多元文化、具备创新能力的素养。

通过整合传统文化与现代元素，学校可以在文化建设中找到平衡点。例如，在课程设置中，可以通过融入传统文化元素来启发学生对传统文化的理解，同时结合现代教学方法和科技手段，使教学更富有活力。这样的整合不仅能够传承传统文化，还能够满足学生对知识多元化、实用性的需求。

在学校的文化活动中，可以创新传统文化的传播方式，结合现代媒体和科技手段，使学生更好地参与其中。例如，通过线上展览、数字化的传统文化体验等方式，使传统文化更贴近学生的生活，提高学生的参与度。

此外，在学校的管理体系中，也可以融入现代管理理念，使之更加科学、高效。传统文化中的家国情怀、忠孝节义等价值观念与现代团队协作、创新管理等观念相辅相成，形成共生共荣的管理机制。

传统文化与现代元素的共生共荣不仅体现在文化内涵上，更表现在教育理念、教学方式、管理模式等多个方面。这种有机结合既能够传承中华优秀传统文化的博大精深，又能够使学校文化更具现代性和创新性。这样的文化构建有助于学生全面发展，为他们更好地适应未来社会打下坚实的文化基础。

第三章 中华优秀传统文化与德育教育实践

第一节 中华优秀传统文化与学生德育素养的培养

一、爱国精神的培养

中华民族的爱国精神可以追溯到古代经典文化的根源。经过漫长的历史发展，中国传统文化中的爱国主义精神不断得到弘扬和传承。始于孟子的"以天下为己任"，这种以国家为本的爱国主义观念一直贯穿于中国古代文人的思想体系中。随着时代的推移，爱国主义在中国历史上的具体表现有林则徐"苟利国家生死以，岂因祸福避趋之"、范仲淹"先天下之忧而忧，后天下之乐而乐"等名言，这些都在传统文化中留下了深刻的烙印。

（一）爱国主义的深刻内涵

中华优秀传统文化所蕴含的爱国主义精神不局限于对国家的热爱，更显现为一种深刻的社会责任和担当。这深层次的内涵体现在"匹夫有责"的观念中，是对天下兴亡负有责任的信念。诸如孟子的"以天下为己任"和范仲淹的"先天下之忧而忧，后天下之乐而乐"强调了个体应该积极承担起为国家和社会负责的使命。这种社会责任的意识不仅表现在对国家大事的关切，更包括对社会民生和公共事务的深切关心。东林书院的"风声雨声读书声，声声入耳；家事国事天下事，事事关心"就展现了对社会各个方面的关注，呼应为国家的繁荣和人民的福祉而共同努力。

这种深刻的爱国主义内涵体现在个体与整体的关系上，不仅强调了个人对国家和社会主动承担责任，更注重了个体对于整体利益的关切。这一观念在传统文化中形成了一种社会责任的伦理基础，推崇个体在所处社会环境中所肩负的责任和义务。个体的社会责任感通过对天下兴亡的深思熟虑而得以彰显，不仅包括对国家政治经济命运的积极关心，也扩展到对家庭、社区和整个社会的关切。这种社会责任的担当，实质上是爱国主义的一种体现。

传统文化中的爱国主义精神通过"匹夫有责"的观念，引导个体超越个人私利，将国家和社会的兴盛看作是每个人的责任。这不仅在理念上强调了对社会公共事务的关心，更在行动上促使个体为国家和社会的繁荣而努力。这种深刻的社会责任和担当构成了中华优秀传统文化中爱国主义内涵的核心，为塑造公民责任感、培养社会参与意识提供了深刻的哲学基础。因此，爱国主义在传统文化中的深刻内涵既是个体对国家的深情厚谊，也是对社会责任的高度敏感。

（二）爱国精神在当代的体现

进入21世纪，爱国精神在和平与发展的时代背景中迎来了新的发展和体现。特别是在中国特色社会主义建设的过程中，爱国主义精神不再仅仅停留在口号上，而是通过广泛的社会参与和志愿服务等实际行动得以充分体现。中国人民为实现中华民族伟大复兴的中国梦而努力奋斗，这种对国家前途命运的深切关注成为推动社会发展的强大力量。爱国主义的精神在当代社会得到了全方位的彰显，为中华民族的振兴贡献了磅礴的力量。

在抗击疫情过程中，广大中国人民展现了强烈的爱国主义精神。在新冠疫情暴发之际，中国社会迅速行动，人民群众自觉遵守防控措施，医护人员英勇奋战在防疫一线，各界纷纷捐款捐物，形成了抗击疫情的强大合力。这不仅展现了个体对国家危机的高度责任感，也表达了对国家领导层科学决策的坚定支持，凝聚了全社会共同战胜困难的决心。

在对贫困地区的支援工作中，爱国主义的精神得到了有力的体现。中国政府积极推动脱贫攻坚工作，各地社会各界纷纷响应，开展对口支援、定点帮扶等形式，为贫困地区提供了物质援助和技术支持。这种行动既是对国家统一、社会和谐的有力支持，也是对中华民族整体繁荣的积极贡献，展现了一种深刻的社会责任感和对国家弱势群体的关怀。

中国积极参与国际事务，为维护世界和平和促进共同发展贡献力量。爱国主义在国际舞台上体现为中国对全球事务的积极参与，包括气候变化、国际援助、和平维护等领域。通过推动构建人类命运共同体，中国为国际社会提供了新的公共产品，同时为中华民族的崛起赢得了更多的国际尊重。

二、宽厚之道的培养

"上善若水，厚德载物"中的宽厚之道教导学生待人宽容、善良，表现出对社会的关怀和对他人的宽容。这有助于培养学生的社会责任感和团队协作精神。

（一）仁爱思想的传承与演变

"上善若水，厚德载物"所彰显的宽厚之道源自中华优秀传统文化中的"仁爱"思想，这一思想在经典典籍中得到了深刻的阐释和传承。孔子提出的"仁者，爱人"表达了对于仁爱的核心概念，强调了对他人的关爱和善意。同时，孟子通过"己所不欲，勿施于人"阐释了仁爱的行为准则，引导人们在待人接物中保持宽容和善意。这一思想在历史长河中得到了不断的演变和发展，成为道德伦理的重要组成部分。

仁爱思想在中华优秀传统文化中具有深远的影响。孔子的"仁者，爱人"表达了仁爱的核心概念，即通过对他人的爱护和关怀来实现道德的最高境界。孟子的"己所不欲，勿施于人"则进一步明确了仁爱的实践准则，要求个体在处理与他人关系时要谨慎考虑对方的感受，保持宽容和谦逊的态度。

仁爱思想在历史长河中得到了持续的传承和发展。在儒家学说中，仁爱被视为道德的核心，对于社会和谐、人际关系的构建具有积极的作用。然而，在不同历史时期和社会背景下，仁爱思想也经历了不同的发展。在封建社会，仁爱往往与忠孝、礼仪等伦理观念相结合，体现在家庭、宗族关系中。而在现代社会，仁爱的内涵逐渐拓展到更广泛的社会层面，包括公益慈善、志愿服务等领域，体现出更为广泛和包容的特征。

仁爱思想的演变也受到文化交流和外部思想的影响。在与其他文化相互交流的过程中，仁爱思想吸纳了一些外来元素，进一步丰富了其内涵。同时，现代社会的价值观念也对仁爱思想进行了重新诠释，强调个体的自由、平等、尊重，使得仁爱思想更加符合当代社会的价值取向。

仁爱思想作为中华优秀传统文化的精髓之一，通过经典典籍的传承，形成了深刻的思想内涵。在历史发展的过程中，仁爱思想得到了持续的传承和发展，既反映了不同历史时期社会关系的变迁，也为当代社会提供了有益的伦理启示。这一思想的深远影响体现在其对社会和人际关系的积极引导方面，为构建和谐、包容的社会提供了有益的借鉴。

（二）宽厚之道的精神内涵

"上善若水，厚德载物"中的宽厚之道蕴含了丰富的精神内涵，涵盖了对他人的宽容、对社会的关怀以及对道德的高尚追求。这一理念的核心表达了一颗仁爱之心具有包容众生、善待万物的特性,同时凸显了良好品德在社会中的积极作用,为个体在社会生活中赢得广泛认可提供有益的指导。

水被用来比喻上善之德,因为水具有包容一切的特性。水是柔软而坚韧的,能够适应各种环境,不争不抢,顺势而下。这象征着宽厚之道中所体现的仁爱之心应当包容众生,善待万物。这种宽容和包容的态度是对他人存在的尊重,是在人际关系中体现的一种高尚品质。宽厚之道强调了社会成员之间的相互理解、关爱与支持,倡导和谐相处,使整个社会更具凝聚力与稳定性。

"厚德载物"则强调了德行的重要性。在宽厚之道中,厚德是一种内在的修养,是对品德高尚的追求。厚德所带来的不仅是个体自身的提升,更是为社会、为他人提供有力的支持。具备厚德的个体能够在社会生活中发挥积极作用,为他人树立良好榜样,促使社会更加和谐繁荣。这一理念与现代社会强调的道德建设、公民素质提升等观念相契合,具有积极的社会意义。

宽厚之道的精神内涵在当代社会具有重要的启示意义。在现代社会的多元化背景下,不同文化、价值观的碰撞与交融成为常态,而宽厚之道蕴含的包容精神为构建和谐社会提供了积极的参考。通过培养宽厚之道,使个体能够在社会中展现出更高水平的自我约束和责任感,为社会的可持续发展作出更大的贡献。因此,宽厚之道的精神内涵在当代社会具有重要的启示意义,引导人们树立正确的价值观念,建设更加和谐、包容的社会。

(三)仁爱思想在当代社会的体现

在当代社会,"仁爱"思想的宽厚之道依然在家庭、工作、社交等多个方面产生深远的影响。人们通过对他人的关心和理解,实践着孔子提出的"仁者,爱人"的理念。在家庭中,这种思想体现为家庭成员之间的互相关怀和支持,为家庭关系注入温暖和谐的力量。在工作环境中,仁爱思想鼓励员工之间的合作与协调,营造积极向上的工作氛围。

此外,在社会公益、志愿服务等领域,"己所不欲,勿施于人"的仁爱原则促使越来越多的人积极参与社会事业,为弱势群体提供帮助,传递社会正能量。仁爱思想的传承不仅在理念上引导人们保持宽容和关爱,更在实际行动中推动社会和谐发展,展现了"上善若水,厚德载物"在当代社会中的生命力。

这一思想的传承反映了当代社会对人文关怀、社会责任的重视。在现代社会多元化、高速发展的背景下,仁爱思想的实践成为人们构建和谐社会的关键一环。通过培养仁爱思想,个体能够更好地适应社会的多样性,促使社会更具凝聚力与稳定性。因此，仁爱思想在当代社会具有重要的启示意义，引导人们以积极的态度对待社会、对待他人，为构建更加和谐、包容的社会作出贡献。

三、慎独内省修养的培养

（一）慎独的道德修养

"慎独"作为道德修养的关键方法，强调的是在个体在独处时仍能保持高尚的操守。这一概念体现在个体对自己行为的自觉规范上，尤其是在没有外界监督的情况下。在独自一个人时，缺乏外部的道德规范和他人的目光，个体能够通过"慎独"保持对道德规范的坚守，避免道德滑坡的发生。这要求个体具备自我约束和自我教育的能力，使道德修养成为内在的信仰而非仅仅是外在规范的追求。

在学校德育中，引导学生理解"慎独"的道德修养意义至关重要。这不仅意味着关注外部的规范和约束，更要注重培养学生内在的自律和自尊。通过强调"慎独"之道，学校可以帮助学生树立正确的道德观念，使其在个体自我发展的过程中更加注重潜在的品德和价值观的培养。

"慎独"强调的不仅是行为的规范，更是思想道德的自我审视。在个体独处的时刻，通过反思自己的言行举止，个体可以更深刻地理解和认知自己的行为动机和道德选择。这种内省不仅有助于培养学生的道德情操，还能够使其更好地适应社会的复杂环境，为未来的发展奠定坚实的道德基础。因此，"慎独"不仅是一种修养方法，更是一种道德观念，对于高校学生的德育教育具有深远的意义。

（二）内省的道德提升

"内省"作为提升道德水平的重要手段，承载了对个体言行的深度反思，通过自我监督实现德育目标。这一过程具有持续性和渗透性，使个体能够不断发现、认知并改进自身的道德行为，具有重要的教育意义。特别是在高校德育工作中，强调学生注重"内省"有助于培养其自我认知和自我调节的能力，推动其在思想和行为上更为成熟和自律。

"内省"的本质是通过主动审视自己的言行，形成对自身行为的深刻理解。这一过程不仅包括对具体事件的反思，更涵盖了对自身的态度、价值观念、人际关系等多个方面的全面审视。通过自我监督，个体能够及时发现存在的问题和不足，为个人的道德提升提供持续的动力。

在学校德育工作中，鼓励学生进行内省有助于塑造学生积极向上的人生态度。通过对自己行为的及时反思，学生能够更好地认识到自身存在的问题，形成自我批评和自我改进的意识。这种自我监督不限于特定行为的纠正，更注重个体内在的德育成长。在这个过程中，学生能够逐渐建立起对道德规范的敬畏之心，提升自身的思辨力和判断力，形成持久的道德意识。

此外，内省的过程也培养了学生的自我调节和自我管理的能力。通过对自身情感、冲动的深入反思，学生能够更好地掌握自己情感的表达方式，减少冲动行为对道德的冲击。这种内省的力量远远不止于单一的道德观念，更体现为对整个人格的塑造和提升，从而更好地适应和融入社会。

内省作为道德提升的方法，不仅对个体的具体行为有着积极的引导作用，更在思想观念和人格品质上发挥着深远的影响。在高校德育中，通过培养学生主动进行内省的意识和习惯，可促使他们在道德修养上达到更为丰富和成熟的境界。

四、诚信观念的培养

中华优秀传统文化中对"诚信"的强调体现在"以诚为本"等思想中。通过深入挖掘儒家经典，学生可以领悟到真诚与信用的重要性，培养守信用、诚实守信的品德。

（一）诚信在中华优秀传统文化的重要地位

中华优秀传统文化中对"诚信"的高度重视源远流长，这一观念在古代经典典籍中得到了明确的阐释。孔子的思想体系中强调了"人而无信，不知其可也"的观点，深刻地说明了一个人若缺乏信用，将难以在社会中立足。这一思想体现了古代智者对诚信价值的高度认可，将其视为人类处世行事的基本准则之一。

儒家经典中贯穿的"诚信"理念不仅体现在对他人言行的真实可信上，更强调了对自身言行的真实和可靠。在《论语》中，孔子提到："巧言令色，鲜矣仁。"这句话强调了言辞虽巧妙，但缺乏真实感情和仁爱，将难以被视为真正的仁者。因此，诚实和真实成为中华优秀传统文化中塑造品德、培养道德人格的重要价值观念。

诚信观念在历史长河中得到了不断的传承和发展。在古代社会，诚信不仅是商业往来的基本准则，也贯穿于政治、家庭、社会等多个领域。古代士人所崇尚的"宁为玉碎，不为瓦全"表达了对信仰的坚守，强调了在面对诚信问题时的坚定立场。

在现代社会，这一古老的传统观念仍然具有深刻的现实意义。随着社会的发展，信息传播的迅速，诚信问题变得更为突出。中华优秀传统文化中对诚信的重视不仅体现在言行上，更注重了对内心真实性和道德品质的培养。在商业、社交、法治等多个层面，诚信始终是中华文化的一种核心价值，对塑造社会公德和行为规范产生了深远的影响。

（二）以诚为本在当代社会的体现

"以诚为本"在当代社会持续发挥着重要作用，特别是在商业领域，社会对商家诚信的关注不减。政府制定了一系列方针政策，通过法规和监管机制约束商业活动，维护市场秩序的正常运转。这体现了社会对"以诚为本"价值观的持续重视和推崇。

在商业实践中，"以诚为本"不仅是一种商业行为的道德规范，更是一种商家与消费者之间建立信任关系的基础。政府通过出台法规，对商家进行监管，强调履行承诺，防范欺诈行为，维护公平竞争的商业环境。同时，大众媒体的作用愈加凸显，通过网络监督和消费者权益保护等手段，传播诚信理念，推动商家坚守以诚信为本的商业行为。这表明"以诚为本"观念在当代社会对商业伦理的塑造中发挥着引导和规范的作用。

值得注意的是，"以诚为本"不仅停留在商业领域，也在社会的其他层面体现出深远的影响。在法治建设中，法律体系的完善与市场经济的发展相互交融，为"以诚为本"提供了法律基础和制度保障。通过法规、监管、媒体等多方面手段的引导，推动社会各界以诚信为基础，维护公共秩序和社会稳定。这一观念在当代社会中具有广泛的适用性和深刻的实践价值。

（三）当今社会的呼声和实践

在当今社会，弘扬诚信、强调守信成为社会各界的共同呼声。这种呼声不仅在商业领域广受重视，也在社会伦理、法治建设等方面得到了积极弘扬。

在商业领域，社会对商家和企业守信经营的期望日益增强。政府出台了一系列法规政策，通过法治手段对市场行为进行规范，强调了守法守信的重要性。同时，大众媒体、网络平台等被广泛运用于监督商业活动，通过曝光不良商业行为来维护市场秩序。这表明了在商业社会中，守信成为企业赢得社会信任和持续发展的基础。

在社会伦理层面，重承诺、讲诚信的观念贯穿于各行各业。志愿服务、慈善事业等公益活动中，以诚信为本的理念成为推动社会进步的重要力量。借助3·15晚会等平台，社会各界通过曝光欺诈行为，加强了对不良行为的谴责，形成了社会公德和诚信道德的共识。

对诚信的呼声不仅停留在口号上，更在社会实践中得到了积极的推动。各个领域普遍倡导公正、公平、守法守信的原则，形成了一种追求公正与诚信的社会风气。在社会责任、可持续发展等方面，弘扬诚信观念已经成为企业和个人行为的基本准则。

五、自强不息地培养

引导学生理解中华优秀传统文化中的"天行健，君子以自强不息"思想，鼓励学生树立积极向上的人生态度，追求卓越并为实现个人价值而不懈努力。

（一）自强不息的文化基因

中国自古以来就根植着自强不息的文化基因，这一精神贯穿于中华文明的发展史。在《周易》中，自强不息的理念得到了深刻的阐释，强调了天地运行不息，君子应当效法宇宙的规律，坚持勇往直前的奋斗姿态。这种对宇宙法则的崇尚体现了自强不息的文化信仰，为后代传承提供了深厚的思想基础。

历史上，中华民族在面对灾难和外敌入侵的困境中展现出顽强不屈的奋斗精神。无论是自然灾害还是外来侵略，中国人民都以坚韧不拔的毅力和拼搏不止的精神面对挑战。这表明了自强不息的进取精神深植于中华优秀传统文化，是中国人民在困境中追求发展的信念和力量源泉。

自强不息的文化基因在中华民族的兴衰历程中得到了不断的传承和发展。这一文化基因不仅是一种精神信仰，更是一种行为准则，激励着每一代中国人在个人奋斗中不断超越自我，为国家和社会的繁荣进步贡献力量。无论是古代文人的士人精神，还是近现代改革开放的创业精神，都体现了中国人民在各个历史时期对自强不息文化基因的坚守和传承。

在当代，自强不息的文化基因仍然为中国社会的发展注入着强大的活力。随着国家的崛起和现代化建设的推进，中国人民以自强不息的奋斗姿态，积极应对各种挑战，不断追求科技、文化、经济等各个领域的创新与进步。这一文化基因不仅是中华民族历史的重要遗产，也是塑造中国人民艰苦奋斗、自力更生精神的关键元素。

（二）当代学生的使命与担当

当代学生肩负着国家未来的使命，他们应该积极发扬自强不息的进取精神。在当今社会，学生在享受着优越的教育资源的同时，也应当对自己有更高的期许，以更积极的态度投入学习中。自强不息并非仅仅是个人的口号，更是一种对社会和国家的责任担当。因此，当代学生应该更加努力学习科学文化知识，努力提升自己的综合素养。

在学生的成长过程中，他们应该通过参与各类实践活动来培养自身的能力和品格。这种自强不息的进取精神可以在实践的过程中得到更为深刻的锻炼，不仅包括在学业上的努力，还包括对各种社会问题的思考和参与。学生可以通过志愿服务、社会实践等方式，锻炼自己的实际操作能力，为社会和他人贡献一份力量。

自强不息的精神对当代学生而言，不仅表现为单一的学业进取，更包括在社会责任方面的表现。他们应该时刻牢记自己是国家的未来，要为国家的建设和中华民族的复兴做出积极的贡献。这种社会责任的担当不仅表现在个人的成就，更体现在对社会的关注和参与。

当代学生所承载的使命不仅是个人的成功，更是对整个国家和社会的责任。他们应该树立正确的人生观和价值观，不断充实自己的知识储备，提高综合素养，以更积极的姿态参与社会的发展。只有通过自身的不懈努力，当代学生才能真正发扬自强不息的进取精神，为国家和社会的繁荣作出更为积极的贡献。

（三）自强不息服务国家和社会

自强不息的进取精神不仅是学生个人的价值追求，更是一种服务国家和社会的责任担当。这一精神的内涵在于学生通过不断提高学习和工作能力，积极履行未来的社会责任，为中国特色社会主义事业的建设以及中华民族伟大复兴中国梦的实现贡献力量。自强不息的理念不仅是一种个体精神追求，更是对国家和社会的奉献精神，将成为引导学生成长的重要力量。

首先，自强不息的进取精神体现在学生通过不断提高学习和工作能力，追求个人的卓越表现。学生在追求自我价值的同时，通过学业的拼搏和努力，获得专业知识和技能，为未来的职业发展打下坚实基础。这种个体的自我提升不仅符合个人的追求，也为国家和社会培养了更多的专业人才，为不同领域的发展提供了人才支持。

其次，自强不息的进取精神表现为学生在社会责任和国家使命方面的担当。作为国家未来的栋梁之材，学生应当认识到自己的使命，将个人的奋斗目标与国家的发展目标相结合。通过深入了解社会问题，积极参与社会实践和志愿服务，使学生能够更好地理解国家和社会的需求，通过自身的努力为社会的发展做出积极贡献。

最后，自强不息的进取精神在引导学生树立正确的人生观和价值观上起到了积极的作用。这种精神理念强调通过不懈地努力和拼搏实现个人价值，并将个人价值与社会责任相结合。通过培养学生的创新精神和实践能力，社会将迎来更多富有社会责任感的青年，为国家的繁荣和进步注入源源不断的活力。

自强不息的进取精神在学生中的体现不仅是对个体成功的追求，更是为了服务国家和社会的责任担当。这一精神将引导学生在个人发展的同时，更加注重社会责任和国家使命，形成更加积极向上的成长模式。通过培养这种自强不息的精神，学生将更好地适应社会的发展需求，为国家建设和社会进步贡献自己的力量。

第二节 中华优秀传统文化在学生品德培养实践中的应用

中华优秀传统文化是中华民族生生不息、团结奋进的不竭精神动力，是中华民族共有的精神家园。在思想品德学科教学中，恰当灵活地运用中华优秀传统文化，如诗词、典故、对联、格言等来辅助教学，对提高教学实效，培养学生高尚的道德品质，增强育人功能，具有非凡的作用。

一、精挑经典诗词启智

经典诗词作为中华文学的瑰宝，以其独特的艺术表达和深邃的文学内涵在历史长河中流传不衰。这些诗词不仅是语言的艺术品，更是对中华优秀传统文化、伦理道德的生动展现。以王勃的《送杜少府之任蜀州》为例，其通过描绘官员离别的场景，表达了人生离别无常、友情珍贵的情感。其中"海内存知己，天涯若比邻"这两句，深刻地表达了友谊的珍贵和不受距离的影响。引用这样的诗句，不仅能够激发学生对文学的兴趣，更能让其在欣赏的过程中汲取深厚的文学营养，培养审美情操。

（一）文学手法的精湛运用

1. 象征手法的淋漓尽致

在中国古典诗词中，象征手法的运用是一种卓越的艺术表达形式，展现了诗人对自然、生命的深刻感悟。白居易的《赋得古原草送别》中的"离离原上草，一岁一枯荣"一句，恰如一幅生命的画卷，通过对原野的精细描绘，生动而富有表现力地传达了生命短暂、人生无常的主题。这一象征手法的精湛运用，不仅使诗歌在语言层面上呈现出深远的诗意，更引导读者深刻思考生命的轮回与变幻。

在这首诗中，"离离原上草，一岁一枯荣"通过对原野的描绘，将自然界的景象与人生的命运相联系，使诗歌成为一幅大自然与人生相互映照的画卷。这里的"原上草"象征着生命的起源和丰盛，而"一岁一枯荣"则传递着生命的枯荣循环的启示，仿佛在默示着生命的短暂和无常。这种通过自然景物进行象征的手法，不仅展示了诗人对大自然深刻的观察力，更使诗歌的情感质地得以深化。

这一象征手法的巧妙运用在文学上具有重要的学术价值。首先，通过解读《赋得古原草送别》，学者可以深入挖掘其中蕴含的文学内涵，理解古代诗人对生命、自然的独特见解。其次，通过对比其他使用象征手法的诗篇，可以发现不同诗人对于相似主题的不同表达方式，进一步丰富文学研究的层次。最后，通过对象征手法的研究，还可以深入探讨古代文学与哲学、宗教等领域的关联，推动文学研究与其他学科的交叉融合。

这一象征手法的运用，同时在教学中具有广泛的应用价值。通过分析《赋得古原草送别》中的象征手法，教师可以引导学生深入了解古代文学的表现手法，激发他们对古典诗歌的兴趣。此外，学生通过模仿这一手法，可以培养自己对自然、生命等主题的独立思考和表达能力。这种文学教育的实践，不仅有助于学生对古典文学的深刻理解，更有助于他们在写作中运用象征手法，提升作品的艺术性和表现力。

2.对比手法的艺术表达

在古典诗词中，对比手法被当作一种瑰宝，为诗人提供了表达复杂情感和深邃思考的艺术手法。王勃的《送杜少府之任蜀州》中的"海内存知己，天涯若比邻"一句，通过对比海内与天涯，构建了一幅友情超越时空的画面，深刻而巧妙地表达了友谊的深厚内涵。这种对比手法不仅使诗歌充满情感共鸣，更在艺术表达上展示了对比手法的高超运用。

在这首诗中，对比的对象是"海内"和"天涯"，两者之间的关系通过对比显得格外突出。通过"海内"这一词的使用，诗人将友谊的范围扩展到整个海内，使友情的延伸和深厚性一目了然。而"天涯若比邻"则通过对比海内和天涯，表达了即便身处遥远的地方，友情仍然能够贴心相随。这样的对比不仅强调了友情的广泛性，更强调了其坚固耐久的特质。

这种对比手法的巧妙运用在文学上具有深刻的学术价值。首先，通过解读《送杜少府之任蜀州》，研究者可以深入挖掘其中关于友情的丰富内涵，理解古代诗人对人际关系的独特见解。其次，通过与其他使用对比手法的诗篇进行比较研究，可以发现不同诗人对于相似主题的独特表达方式，进一步拓展文学研究的广度。最后，对比手法的研究也有助于深入探讨古代文学与哲学、心理学等领域的交叉点，推动文学研究与其他学科的融合发展。

这一对比手法的运用，在教学实践中同样具有广泛的应用价值。通过分析《送杜少府之任蜀州》中的对比手法，教师可以引导学生深入了解古代文学的表现手法，激发他们对古典诗歌的兴趣。此外，学生通过模仿这一手法，可以培养自己对人际关系、友情等主题的独立思考和表达能力。这种文学教育的实践，不仅有助于学生对古典文学的深刻理解，更有助于他们在写作中灵活运用对比手法，以提升作品的艺术性和表现力。

3. 意境描绘的言之有物

在文天祥的《过零丁洋》中，"人生自古谁无死，留取丹心照汗青"这两句以深邃的意境描绘，构筑了一幅富有哲理的画面，表达了对正义坚守的豁达态度。这两句诗通过言之有物的艺术表达，展示了诗人对生命、历史、正义的独到见解，为学生提供了深刻的文学体验与思考。

在"人生自古谁无死"中，文天祥通过对生命的短暂和不可逆转的现实的直接表达，勾勒出普遍存在的人生命运，使读者在意境中感受到生命的脆弱与短暂。而"留取丹心照汗青"则通过意境的转折，将目光投向历史的长河，强调了正义、坚守、奋斗的重要性。这种对比的运用在诗歌中烘托出深远的情感，使诗句更具张力和艺术感。

通过对这些经典诗句的学习，学生可以深刻体验到意境描绘的言之有物的艺术魅力。首先，通过学习"人生自古谁无死"的表达，学生能够感受到诗人对生命无常的深刻认知，激发对生命的敬畏之情。其次，通过学习"留取丹心照汗青"的描绘，学生可以领悟到对正义、奋斗的坚持，引发对个体与历史关系的思考。这样的学习过程不仅培养了学生对文学意境的欣赏能力，更引导他们深刻思考生命、历史、价值观等重要议题。

言之有物的意境描绘在文学中具有重要的教育意义。通过学习文天祥的这两句诗，学生在欣赏诗句的同时，也在思考人生、历史、价值等问题。这有助于培养学生的审美情操、人文素养和思辨能力。言之有物的意境描绘，使学生在文学欣赏中得到知识、感悟和启示，推动其全面发展。

文天祥的"人生自古谁无死，留取丹心照汗青"通过深刻的意境描绘，使诗句在言之有物的表达中展现出深度的艺术感和思想内涵。学生通过学习这样的经典诗句，不仅能够提高文学素养，更能够在审美体验中汲取智慧，拓宽自己的人生视野。

（二）道德认知的丰盈启示

文天祥的《过零丁洋》中的名言"人生自古谁无死，留取丹心照汗青"表现了一种忠诚正直的豁达态度，为道德认知提供了丰盈的启示。通过深入解读这句名言，学生能够领悟到作者对坚持正义、为民请命的豁达态度的呼唤。这一态度不仅是对生命的珍视，更是对道义的坚守。在教学中，通过引导学生深入思考并理解这一豁达态度，有助于培养学生的道德认知，激发他们对社会责任的思考和担当。

另外，王勃的《送杜少府之任蜀州》中的"海内存知己，天涯若比邻"则带来情感共鸣与道德品质的探讨。这句诗表达了作者对友情的珍视，通过海内与天涯的对比，强调了友谊可以超越时空。通过学习这样的诗句，学生能够深刻感受到友情的温暖和坚固，从而启发对道德品质的认知。这种情感共鸣有助于引导学生树立正面的价值观，培养他们对友谊、信任等道德品质的珍视与坚守。

（三）道德情操的培养

经典诗词在培养学生的道德情操方面发挥着深远的作用，其中杜甫的《月夜忆舍弟》和白居易的《赋得古原草送别》所蕴含的情感与责任，为学生提供了关于国家责任与人文关怀的丰富启示。

首先，杜甫的《月夜忆舍弟》通过"戍鼓断人行，边秋一雁声"一句，描绘了边疆戍卫的景象，使学生能够深刻感受到国家戍边的压力与艰辛。这样的描写不仅让学生对国家的保卫工作有更直观的了解，同时激发了他们对祖国的热爱和责任感。在教学中，通过深入解读这首诗，教师可以引导学生思考国家责任对个体成长的影响，培养学生将个人的奋斗与国家的繁荣联系起来的积极态度。

其次，白居易的《赋得古原草送别》通过对草木的描绘，表达了生命的短暂和无常。这样的情感教育有助于学生树立起对生命的尊重和珍惜，培养积极向上的情感态度。在教学过程中，通过分析这首诗所蕴含的人文关怀，教师可以引学生深入思考对生命的态度，使其在情感培养上具备更为全面的素养。

这样的文学教育不仅有助于学生对国家责任和爱国情怀的形成，也引导他们在人文关怀方面培养更加积极向善的情感态度。通过学习和思考这些经典诗句，使学生在心灵深处植根了对国家、生命和人文关怀的感悟，从而形成了积极向上、富有责任感的道德情操。

二、细选经典故事导思

（一）培养爱国情怀

1. 引导学生认识爱国情怀的重要性

在思想品德课程中，教师通过选用经典故事《苏武牧羊》来引导学生认识爱国情怀的重要性。这个故事生动地展现了苏武为了维护祖国安危所作出的巨大牺牲，其坚守岗位、忍受严寒的坚韧精神令人敬佩。通过对这一故事的深入解读，不仅能够激发学生对爱国情感的共鸣，而且能够在他们心灵深处埋下爱国情怀的种子。

故事中，苏武在北疆严寒的草原上放牧，面对艰苦的环境，毫不动摇地坚守自己的职责。这种为国家、为人民不顾个人安危的精神，无疑是培养爱国情怀的杰出素材。教师可以通过深入分析苏武的行为和精神内涵，引导学生思考个体对祖国的责任和担当，以及这种责任与担当对国家繁荣的积极影响。

通过对《苏武牧羊》故事的讲解，学生将能够认识到个体的牺牲与国家的繁荣之间的密切联系。教师在引导学生的过程中，可以提出一系列问题，如"苏武的牺牲对国家有何深远的意义？""为什么苏武能够坚守岗位？"等，引导学生深入思考这一故事背后蕴含的爱国主义理念。

这样的教学不仅能够在学生心灵深处激发对爱国情感的共鸣，更能够在学生的价值观念中埋下爱国的种子。通过深刻理解《苏武牧羊》故事，学生将会更加坚定自己对国家的责任感，形成积极向上的人生态度。这种培养爱国情怀的过程是思想品德课程中至关重要的一环，旨在使学生在成长过程中具备积极的社会责任感，为社会的繁荣和进步贡献力量。

2. 激发学生对经典故事的思考

在教授《苏武牧羊》这一经典故事时，教师应通过提问的方式激发学生对这个故事的深入思考，从而引导他们更全面地理解其中蕴含的深刻内涵。通过这样的思考，学生不仅能够在情感上更为深入地体验故事所传达的信息，还能在认知上得到更为全面的培养。

首先，教师可以引导学生思考苏武的牺牲与国家荣誉之间的紧密联系。提出问题，如"为什么苏武愿意在严寒的北疆牧羊？""苏武的个体牺牲对国家有何深远的意义？"等，促使学生对苏武的行为进行深刻分析。通过这样的思考，学生将更加深刻地认识到个体的奉献对国家的繁荣和安全具有不可替代的价值。

其次，教师可以引导学生思考个体对祖国的责任和担当。通过问题如"在你看来，苏武为什么能够坚守在北疆？"等，激发学生对苏武内心世界的深入思考。这样的思考过程有助于学生建立起对个体在国家建设中所扮演角色的深刻认识，培养他们对祖国的责任感和担当精神。

这样的提问方式能够拓宽学生的视野，使他们不仅能够理解故事表面的情节，更能够深入挖掘其中蕴含的深刻内涵。通过引导学生对《苏武牧羊》进行深入思考，教师能够激发学生对经典故事的浓厚兴趣，使他们在学习中得到认知和情感上的全方位培养。这样的教学方法不仅有助于学生对文学作品的深刻理解，更能够培养他们的批判性思维和独立思考能力，为其思想品德的全面发展提供坚实基础。

3.引发学生积极行动

通过引导学生深入思考《苏武牧羊》这一经典故事，教师可以激发学生对爱国情怀的深刻认识，并通过讨论和小组交流引导学生思考如何在现实生活中体现这种情怀，将理论的认知转化为实际的行动。

首先，教师可以通过问答和讨论引导学生思考：在《苏武牧羊》中，苏武通过坚守岗位、为国奉献的方式表达了深沉的爱国情怀。学生可以被激发思考在现实生活中，他们能够通过怎样的方式体现对祖国的热爱。通过这样的引导，学生有机会深入思考爱国的内涵，将理论联系到实际。

其次，通过小组讨论的方式，学生可以分享彼此对爱国情怀的认识和理解。这种互动有助于学生更全面地理解这一主题，从而形成多元化的观点。在讨论中，学生可以提出一系列具体的活动，如关心国家大事、积极参与社会公益活动、倡导环保等。这样的互动讨论能够引导学生将理论联系到实际，形成对社会责任的积极态度。

最后，教师可以通过实际案例的引用，向学生展示一些在现实中体现爱国情怀的事例。这些案例可以来自各行各业，涵盖不同层面的社会责任。通过向学生展示这些积极的榜样，可以激发学生对爱国情怀的认同感，并进一步促使他们将理论转化为实际的积极行动。

（二）尊敬父母的传统美德

1.通过故事引发对父母的尊敬

在教学《难报三春晖》时，教师可以透过解读其中的"黄香温席""缇萦救父""谢柱打虎救母"等经典故事，深刻传达尊敬父母的重要性，借此弘扬中华传统美德。这些经典故事中所展现的亲情和孝道是中华优秀传统文化的重要组成部分，对于引导学生弘扬这一传统美德具有重要意义。

首先，通过对"黄香温席"的解读，教师可以引导学生理解其中表达的对父母孝敬的情感。这个故事讲述了一位孝子为父亲备好温暖的被褥，表现了孝敬父母的具体行动。学生通过深入理解这一故事，可以认识到对父母的孝敬并非仅仅停留在口头，更需要通过实际行动来体现。

其次，通过"缇萦救父"的故事，教师可以向学生传达对亲情的珍视。这个故事描绘了缇萦为了拯救患病的父亲，付出了巨大的努力和牺牲。通过深入剖析这一故事，学生可以深刻理解亲情的珍贵，激发对父母的尊敬和关爱。

最后，通过"谢柱打虎救母"的经典故事，教师可以引导学生思考对母亲的敬爱和保护。这个故事讲述了谢柱为了救母亲不惜与猛虎搏斗，表达了对母亲的无私奉献和保护。学生通过深入了解这一故事，可以明白母爱的伟大和对母亲的责任。

2.鼓励学生实际行动

教师可以通过与学生讨论，鼓励他们在日常生活中用实际行动表达对父母的关爱和尊敬。这样的实际行动既是对经典故事的深刻领悟的延伸，也是将学生对父母的尊敬之情转化为实际行动的重要途径。以下是一些具体的实际行动，通过这些行动，学生能够更深刻地体验到对父母的尊敬之情，培养起孝敬父母的良好习惯。

撰写感谢信，表达对父母的感激之情。在感谢信中，学生可以具体描述父母为自己所付出的辛勤努力，表达自己对父母的深深感激和尊敬之情。这样的实际行动不仅能够增进亲子关系，更能够激发学生对父母的尊敬之情。

主动关心父母的健康和生活。学生可以通过询问父母的身体状况、陪伴他们参与健康活动、为他们准备一顿温馨的饭菜等方式，表达对父母的关爱。这样的实际行动不仅能够增进家庭和谐，更能够让学生在行动中体验到对父母的尊敬和责任。

尽量减轻父母的负担。学生可以通过自主完成家务、关心家庭经济情况、合理利用资源等方式，积极承担家庭责任，从而减轻父母的负担。这样的实际行动不仅能够培养学生的责任感，更能够让他们切身感受到对父母的尊敬之情。

三、巧借经典对联明理

坚强的意志是人们行动的强大动力，是人们克服困难、获得成功的必要条件和重要保障。坚强的意志不是天生的，是需要后天的艰苦磨砺才能培养出来的。

（一）蒲松龄的自勉对联

蒲松龄的自勉对联以项羽的豪情壮志为引子，展示了"有志者，事竟成"的信念。项羽破釜沉舟的形象表达了义无反顾、勇往直前的坚韧决心。这激励着学生在追求目标时不畏艰难，敢于挑战自我，相信有坚定的志向，最终定能成功。

对联下半部以越王勾践的苦心耐劳为楷模，强调"苦心人，天不负"。通过勾践卧薪尝胆的形象，展现了一种艰苦奋斗、发愤图强的品质。学生通过深入理解这一形象，能够认识到取得成功需要长期的努力和耐心，培养不怕苦、不怕累的积极心态。

这副对联的教学可以激发学生拼搏的决心。通过生动的历史典故，学生能够感受到历史英雄们在追求理想过程中的不畏艰险、勇往直前的英勇气概。教师可以引导学生思考，借鉴古代英雄的拼搏精神，对自己的学业和人生目标有坚持不懈地追求。

这副对联为学生树立了追求卓越的榜样。通过深度解读，学生能够领悟到卓越并非偶然，而是需要志向、决心和毅力。教师可以借此机会引导学生明确自己的目标，努力奋斗，追求卓越，从而更好地塑造自己的人生价值观。

（二）磨砺坚强意志的对联

上联"宝剑锋从磨砺出"，生动地描绘了宝剑锋利的剑刃是经过反复地磨削而形成的。这表明着坚强意志的锐气需要经过不断地磨砺和奋斗才能够显现。教师可以通过深入解读宝剑的制作过程，引导学生明白坚韧不拔的品质是通过磨砺和努力才能够培养的。

下联"梅花香自苦寒来"通过描绘梅花的成长环境，表达了梅花因顽强的生命力而在寒冷的环境中绽放。这寓意在逆境中坚持生存的品质，启示学生要在困境面前保持积极乐观的态度，通过苦难和挫折获得成长。

这副对联巧妙地将坚强的意志与逆境共生联系起来。宝剑锋利来自磨砺，梅花香气来自苦寒，都强调了在压力和艰辛中锤炼坚强的品质。教师可以引导学生思考，人生的道路上充满各种考验，只有经历过磨砺，才能够展现出坚韧不拔的品质。

（三）应用于《钢铁是怎样炼成的》的教学

蒲松龄的自勉对联与《钢铁是怎样炼成的》主人公保尔·柯察金的成长历程有着显著的契合。蒲松龄的对联中提到"破釜沉舟"和"卧薪尝胆"，表达了义无反顾、刻苦努力的决心，而柯察金在小说中也经历了严酷的锻炼，通过战争的洗礼和苦难的历练，形成了坚定的信仰和坚韧的性格。

通过"宝剑锋从磨砺出，梅花香自苦寒来"对联，教师可以将坚韧不拔的品质与钢铁的锤炼过程进行比喻。正如主人公在小说中经历的一系列挫折和艰辛，钢铁也需要在高温中锻炼而成。这样的对比能够生动形象地向学生展示，在面对生活的各种打击和考验时，坚韧的意志是成长不可或缺的一部分。

蒲松龄的对联激发学生战胜困难的决心与小说的主题紧密呼应。小说《钢铁是怎样炼成的》以主人公柯察金在战争年代的成长为主线，强调在困境中保持信念和坚强的品质。通过引用蒲松龄的自勉对联，教师能够引导学生深入思考主人公在小说中所展现的坚韧毅力，激发学生对于战胜困难的决心。

通过对联的引导，教师可以启示学生在面对挫折时要有积极的态度，保持坚定的信心。就如同锻炼钢铁需要经历高温，战胜困难也需要学会在压力和逆境中不断磨炼，以锻造坚强的品质。通过深度地对比和比喻，学生能够更好地理解小说的主题，同时在生活中形成积极向上的人生观。

第三节　中华优秀传统文化在校园文化建设中的作用与意义

一、校园文化的特点与目标

（一）校园文化的特点

1. 多元化的校园文化

校园文化的多元化是其内涵的重要特征之一。学校作为知识的传授和学生全面发展的场所，借助多元化的校园文化，以学术、体育、人文等多个方面为基础，为学生提供丰富多彩的教育体验。这种多元化的特点使校园文化更具有包容性和开放性，旨在培养学生全方位的素养。

在学术文化方面，学校通过传授知识、开设各类学科课程，致力于培养学生的学术素养。学术文化的内涵包括了对各个学科领域的深入学习，通过知识的传递和交流，激发学生的求知欲望，培养他们的批判性思维和创新能力。

与此同时，体育文化在校园文化中扮演着不可或缺的角色。通过开展各类体育活动，学校促使学生形成积极向上的生活方式。体育文化的实践活动有助于提高学生的身体素质，培养团队协作精神，促使他们在困难面前保持乐观积极的心态。

另外，人文关怀文化是校园文化多元化的重要组成部分。强调人际关系、情感培养，使校园更具温馨与关爱。通过组织关爱活动、心理健康辅导等，学校致力于培养学生的社会责任感、情商和人际交往能力。人文关怀文化的存在使校园成为一个充满人文关怀的环境，有助于学生身心健康的全面发展。

2. 开放性的校园文化

校园文化的开放性体现在其对多元文化的包容和融合上，构建一个允许不同背景、兴趣的学生积极参与的文化共同体。这一开放性文化的特征对于学生的全面发展、创新能力的培养以及国际视野的拓展都具有积极的意义。

首先，开放性的校园文化鼓励学生积极参与各类文化活动。学校可以组织丰富多彩的文化节、艺术展、演讲比赛等，为学生提供展示个性和才华的平台。这种开放性的环境激发了学生的创造力，促使他们更加主动地表达自己的兴趣和见解。

其次，开放性文化鼓励不同背景的学生在文化的交流中相互启发。通过跨文化的互动，学生能够更好地理解并尊重不同文化之间的差异，促使他们更加包容和开放。这种文化的交流与融合不仅能够培养学生的国际化思维，也为他们在未来的生活中提供了更广阔的视野。

最后，开放性文化的营造有助于形成共同的文化认同。通过共同参与文化活动、分享文化体验，使学生们在共同体中建立起共鸣和认同感。这种文化认同既促进了校园内部的凝聚力，也为学生在校园中找到了属于自己的文化归属感。

3. 具有社会性的校园文化

校园文化不仅是学校内部的象牙塔，更具有社会性，需要与社会密切接轨，以培养学生成为适应社会发展需要的全面人才。学校作为社会组织的一部分，其校园文化建设应当与社会需求紧密结合，通过与社会各界的合作，为学生提供更具实践性和社会性的教育，从而更好地服务于社会的发展。

首先，校园文化的社会性体现在与社会各界的合作中。学校可以积极与企业、社区、文化机构等建立合作关系，引入社会资源，为学生提供更广泛的实践机会。通过与企业的合作，学生可以参与实际项目，了解职业领域的需求，培养实际操作能力。同时，与社区和文化机构的合作可以拓宽学生的视野，使其更好地融入社会。

其次，校园文化应当关注社会问题，引导学生参与社会实践。通过组织社会实践活动、志愿服务等，学校可以激发学生的社会责任感和参与意识。这种参与式的校园文化有助于培养学生的团队协作能力、沟通能力，使其更好地适应社会环境。

最后，校园文化的社会性还表现在对社会热点问题的关注和引导。通过组织讲座、座谈会等活动，学校可以引导学生思考社会现象、关注社会问题，培养他们的社会分析和解决问题的能力。这种关注社会的文化氛围使学生在校园中能够更深刻地理解社会，为未来的社会参与打下坚实基础。

（二）校园文化的培养目标

1. 培养全面发展的学生

校园文化建设的首要目标是塑造学生成为全面发展的个体。学校在组织文化活动时，应通过多元化的方式，使学生在学术、体育、人文等多个方面都能得到全面的培养，最终成为综合素质较高的社会人才。

在学术方面，学校可以通过开展学科竞赛、科技创新项目等活动，激发学生的学术兴趣和创新潜力。提供多样化的学科课程，引导学生广泛涉猎知识，培养他们的批判性思维和解决问题的能力。通过这些学术活动，学校旨在培养学生在知识上的全面发展，使其具备应对未来复杂社会需求的学科知识和专业技能。

在体育方面，学校可以组织各类体育赛事、健身活动，促使学生形成良好的生活习惯和健康的身体素质。通过提供多元的体育课程，让学生体验到不同体育项目的乐趣，培养他们的团队协作能力和领导能力。全面的体育培养旨在培养学生身体健康、意志坚强、团结协作的品质，使其在未来社会中既具备高水平的专业素养，又能维持健康的生活状态。

在人文方面，学校可以通过文学艺术活动、社会实践等方式，培养学生的人文关怀和社会责任感。通过开展文艺汇演、经典文学阅读等活动，激发学生的审美情感和人文素养。社会实践项目则帮助学生更深入地了解社会，培养他们的社会责任感和团队协作意识。全面的人文培养旨在使学生在情感与人际交往中更加成熟，具备解决社会问题的综合能力。

2.塑造正确的人生观和价值观

校园文化的建设应当以塑造学生积极向上的人生观和价值观为中心目标。通过传递正能量的文化信息，学校旨在引导学生树立正确的人生目标，形成积极的人生态度，同时注重培养社会责任感，使学生在成长过程中具备更高层次的人文关怀。

在传递正能量的文化信息方面，学校可以通过文学、艺术、音乐等多种形式传达积极向上的价值理念。举办优秀作品展览、主题讲座、文艺演出等活动，让学生接触到具有正面影响的文化内容，激发他们对美好事物的热爱。通过这些文化活动，学校旨在在潜移默化中影响学生的心灵，引导他们形成正确的人生观和积极的人生态度。

塑造正确人生观和价值观还需要引导学生设立积极的人生目标。学校可以通过职业规划、生涯辅导等活动，帮助学生认清个人兴趣、优势，并设定可行的职业目标。提供多元的实践机会，使学生能够在实际操作中发现自己的价值，树立积极向上的人生追求。

同时，培养社会责任感也是校园文化建设的重要方向。学校可以通过开展志愿服务、社会实践等活动，引导学生关注社会问题，主动参与社区建设。通过这些实践，学生能够深刻体会到个体与社会的关系，培养他们的社会责任感，使其在日常生活中关心他人、关爱社会。

3.培养社会责任感和团队协作精神

校园文化建设的另一个目标是培养学生的社会责任感和团队协作精神。通过组织各类团队活动和志愿服务，学校致力于在学生中培养出团队协作的良好习惯，同时树立对社会的责任感，从而促使学生在成长过程中培养团结合作的精神。

团队协作是校园文化建设的重要组成部分。学校可以通过班级活动、社团组织、团队竞赛等方式，为学生提供各种参与团队的机会。这样的活动不仅可以促使学生更好地理解团队合作的重要性，还能培养他们在协同工作中的沟通和领导能力。通过共同的目标和任务，学生能够更好地理解集体荣誉和责任的概念，逐步形成团队协作的良好习惯。

此外，志愿服务也是培养社会责任感的有效途径。学校可以组织学生参与社区服务、环保活动等志愿者工作，使他们亲身感受社会的需求，并通过自己的力量为社会作出贡献。这样的经历有助于学生树立对社会的责任感，激发他们为社会发展贡献力量的积极意愿。

通过组织团队活动和志愿服务等形式，校园文化建设旨在培养学生的社会责任感和团队协作精神。这不仅有助于学生在个体发展中形成积极向上的品质，还有助于培养他们在未来社会中更好地融入团队，为社会的发展贡献力量。这一过程是校园文化在学生身心发展中发挥积极作用的重要方面。

二、传统文化对校园文化的影响

（一）传统文化的融入

1. 引入传统文化活动

在校园文化建设中，学校通过引入传统文化活动，积极促使学生更加深入地了解和感受中华优秀传统文化。这一举措不仅为学生提供了丰富多彩的文化体验，也在校园中营造出更为浓厚的传统文化氛围，加强了学生对传统文化的认同感。

传统文化活动可以包括庆祝传统节日、传统手工艺制作等多种形式。

首先，通过庆祝传统节日，学校可以组织丰富多彩的文化活动，如春节联欢晚会、端午龙舟比赛等，让学生在欢乐的氛围中亲身体验传统文化的独特魅力。这样的庆祝活动不仅丰富了校园文化生活，也使学生在活动中感受到中华优秀传统文化的深厚底蕴。

其次，通过引入传统手工艺制作，学校可以鼓励学生亲自动手制作传统手工艺品，如剪纸、刺绣、陶艺等。这样的活动不仅传承了传统手工艺的技艺，也培养了学生的动手能力和创造力。学生在亲身参与制作的过程中，更能深刻体会传统文化的精髓，增进对传统文化的热爱和理解。

通过引入这些传统文化活动，学校不仅提供了学生与传统文化互动的平台，也使传统文化融入校园文化的方方面面。这样的举措有助于激发学生对传统文化的浓厚兴趣，进而增强对中华优秀传统文化的认同感和自豪感。

2. 设置传统文化课程

为了深化对传统文化的传承，学校可以制定并设置专门的传统文化课程，以古诗词、经典文学、传统礼仪等为主要内容，通过这些课程的开设，培养学生对传统文化的浓厚兴趣，使其在日常学习中能够不断汲取中华优秀传统文化的精髓。

首先，通过古诗词课程，学生将有机会深入了解和学习中国古代文学的瑰丽之处。学校可以设计包括《三百诗选》《唐诗宋词精选》等经典古诗选读的课程，通过对诗歌的品读，激发学生对中华传统文学的独特感悟。这有助于培养学生对语言表达的敏感性，提高其文学修养，同时增进对中华传统文学的热爱。

其次，经典文学课程可以囊括中国古代小说、戏剧等各类文学形式。通过学习《红楼梦》《水浒传》等经典作品，学生将更深入地了解中国古代文学的丰富内涵和独特风采。这样的课程设置有助于培养学生的批判性思维和文学鉴赏能力，使他们在文学领域拥有更具深度的理解和欣赏水平。

最后，传统礼仪课程也是传统文化课程中的重要一环。通过教授古代礼仪制度、传统婚嫁礼仪、尊师重道等内容，学生将学到中华优秀传统文化中人际关系、道德观念的重要组成部分。这有助于培养学生的社会责任感和团队协作精神，使他们在成长过程中既具备现代思维，又保留了中华优秀传统文化的价值观。

通过设置这些传统文化课程，学校可以在教育中全面涵盖学术、文学、礼仪等多个方面，为学生提供更为全面的传统文化教育。这样的课程设置有助于在学生心中埋下传统文化的种子，使其在未来的发展中成为具有深厚文化底蕴的社会栋梁。

（二）德育引领与校风校纪

1. 传统美德的传承

中华优秀传统文化深厚的传统美德，包含了许多深具教化意义的品质，如孝道、礼仪、忠诚等。学校在教育中积极弘扬这些传统美德，通过强调中华优秀传统文化中的价值观，引导学生形成正确的人生观和价值观，培养他们的道德情操，使传统文化成为德育引领的重要工具。

首先，通过强调孝道，学校能够教育学生尊敬父母、关心家庭，使之养成孝顺父母、关心家人的美好品德。通过传统故事如"难报三春晖"等，学生能够深刻理解孝道在中华优秀传统文化中的重要性，进而在日常生活中付诸实践，培养起感恩之心。

其次，礼仪作为中华优秀传统文化的重要组成部分，也是一种道德的表达方式。学校可以通过礼仪教育，使学生懂得尊敬师长、友善待人的基本礼貌，形成文明谦和的交往习惯。通过模拟传统礼仪场景、开展礼仪培训等活动，学生将更好地领会礼仪的精髓，形成文雅、有礼的个人形象。

最后，强调忠诚等传统美德也是德育引领的重要方向。通过学习忠诚的经典故事，如岳飞的"精忠报国"，学生能够理解这些美德对于个体和社会的积极影响。学校可以通过设立忠诚奖学金、开展志愿服务等活动，鼓励学生积极践行忠诚的理念。

2.塑造积极向上的校风校纪

通过传统文化的渗透，学校得以塑造积极向上的校风校纪，为整个校园创造一种和谐、纪律严明的文化氛围，对学生成长起到积极引导的作用。

在中华优秀传统文化中，强调了诸多积极向上的价值观念，如忠诚、孝道、正直等。这些价值观在校园文化中得到传承和强化，成为塑造校风校纪的有力工具。

首先，通过弘扬中华优秀传统文化中的忠诚精神，学校能够倡导学生在团队合作中忠诚守信、团结互助，使校风更加团结向上。开展忠诚事迹评选、忠诚事迹分享等活动，有助于形成向善、正直的风气，使学校成为学生心目中的信任之地。

其次，传统文化中注重孝道的教育，可以引导学生树立正确的人际关系观念。学校可以通过组织尊老敬老活动、亲情日等，强调孝道与关爱他人的重要性，促使学生在校园中树立关爱他人的观念。这有助于形成和谐的人际关系，为校风校纪的建设提供有益的支持。

最后，传统文化中的正直、诚实等美德，也有助于建立校园纪律严明的文化氛围。学校可以通过举办正直榜样宣讲、诚实竞赛等活动，强调正直诚实的重要性，加强学生的自律意识，提高整体纪律水平。

（三）文化熏陶与学生成长

1.传统文化的艺术节

学校通过举办传统文化的艺术节，如书画展、古乐演奏等，为学生提供了一个丰富多彩的文化体验平台，旨在培养学生的文化艺术修养，同时激发他们对传统文化的浓厚兴趣。

在这样的艺术节中，学生可以通过参与书画展展示自己的艺术作品，体验传统绘画艺术的魅力。这不仅是对学生创造力和审美情趣的一种锻炼，也是对中华传统绘画文化的传承和弘扬。学校可以邀请专业书画家进行指导和点评，为学生提供学术交流和学习的机会，使他们在传统绘画中找到乐趣和创作动力。

另外，通过开展古乐演奏等传统音乐活动，学校能够培养学生对传统音乐的鉴赏能力，感受中华传统音乐的独特魅力。学校可以邀请专业音乐家进行演奏，同时鼓励学生自主组织演出，展示他们的音乐才华。这样的活动不仅有助于传承中华传统音乐文化，还为学生提供了展示才艺和锻炼团队协作的机会。

通过举办传统文化的艺术节，学校能够激发学生对传统文化的热爱，并使其在艺术创作和表演中体验到传统文化的魅力。这有助于培养学生的审美情趣、创造力和文化自信心，为其全面成长奠定坚实的文化基础。同时，这也有助于丰富学校文化生活，为师生提供更多文艺交流的机会，促进学校文化的繁荣发展。

2.经典诗词朗诵比赛

学校通过举办经典诗词朗诵比赛等活动，为学生提供了一个锻炼表达能力和情感表达能力的平台，同时通过传统文化中的经典诗词，使学生更好地感受传统文化的熏陶，促进其全面成长。

经典诗词朗诵比赛是一个能够激发学生文学兴趣、培养语言表达能力的重要途径。学生通过选择、学习、背诵并朗诵古今中外的优秀诗词，不仅能够提高他们的语言功底，更有助于陶冶他们的情操，培养审美情趣。通过这样的比赛，学校可以为学生提供展示才华的平台，激发他们对文学的热爱，增强自信心。

经典诗词作为中华传统文学瑰宝，承载着丰富的人生智慧和情感体验。通过朗诵这些经典诗词，学生在背诵的过程中能够深入理解其中的哲理和情感，提升情感表达的能力。这种深度的体验不仅有助于学生文学修养的提升，还使他们在人生的成长过程中受益匪浅。

此外，经典诗词朗诵比赛也是传承和发扬传统文化的一种形式。学校可以通过设置专门的比赛项目，引导学生选择古代经典诗词，传承中华优秀传统文化的精髓。这不仅有助于让学生更好地了解和热爱传统文化，也在文学传承方面发挥了积极的作用。

三、中华优秀传统文化与校园文化建设的融合案例

医学院校作为医学文化传承和发扬的关键载体，校园文化建设的强化成为实现这一重要任务的必然选择。在科学技术和医疗水平不断发展的大背景下，医学模式正经历由"生物—心理—社会"转变的阶段，这使医学院校的校园文化建设对医学专业人才培养、医学文化传承以及符合时代定义的创新产生了深远的影响。鉴于此，对医学院校校园文化建设的研究不仅要全面审视其现状，更需要在建设力度上实现进一步的加强，同时制定和优化科学文化传承的可持续战略规

划，以提升校园文化建设的质量。

（一）校园文化建设中中华优秀传统文化的内涵体现

1. 道乃医者之义

在中华优秀传统文化中，"崇道"被视为对道德伦理的高度崇尚，这一观念在医者之义中具有深刻的内涵。王维的《终南别业》中，通过"中岁颇好道"的表达，凸显了对道的追求。这种对道的理解在医学领域有着直接的应用，引导医务工作者摒弃金钱利益的诱惑，真正做到"鞠躬尽瘁，不以利益论英雄"。陈兰瑞在《题李牧臣孝廉五少游庐图即送其下第南归》中的"君本仙才今暂谪，清福平生非易得"强调了即便面临困境，也要坚持"勇往直前"的精神，为医务工作者在医学道路上的坚持和奉献提供了启示。

这种"崇道"的观念对于医学伦理建设有着深远的影响。医者之义要求医务工作者在行医过程中始终秉持对伦理道德的敬畏，将患者的健康放在首位，而不被金钱或其他外部因素所左右。这不仅是一种职业道德的要求，更是对中华优秀传统文化价值观的传承和发扬。

在医学伦理建设中，"崇道"的内涵可以通过开展专业伦理教育、弘扬医者仁心仁爱的精神，使医务工作者更好地履行医者之责。这需要从医学院校开始，通过课程设置、教学方法的改革，培养学生对于中华优秀传统文化中崇尚道德伦理的理解。同时，医院在临床实践中也需加强对医务人员的伦理规范培训，提高他们对医学伦理的敏感度和认同感。

2. 奋斗乃医者之途

医学院校作为培养未来医学人才的基地，其文化教育的关键之一就是将奋斗的时代精神融入教学体系，激发新时代青年医生的奉献精神。在这个过程中，将艰苦奋斗的元素融入文化教育，不仅是对医学生的一种启迪，更是对其人生价值观的深刻熏陶。

医学生在培养阶段就应当明确自己的奋斗方向，将医学事业与国家的光明前景紧密联系。通过文化教育，医学生能够深刻理解医学事业的伟大意义，明白他们所承担的责任不仅是对患者的责任，更是对整个国家医疗卫生事业的责任。奋斗的时代精神要求医学生在学业和职业生涯中追求卓越，不断超越自我，为中国的医学事业贡献力量。

在医学文化教育中，可以通过传承医学伦理、弘扬医者仁心仁爱的理念，引导医学生将奋斗的动力注入对患者的关怀与治疗中。培养医学生具备扎实的医学知识和实际操作技能的同时，也要注重培养其团队协作和社会责任感，使他们在未来的医学实践中能够充分发挥个人的奋斗精神，为患者提供更优质的医疗服务。

此外，通过开展丰富多彩的文化活动，如专业讲座、学术研讨、实地参观等，使医学生在实践中更好地体验到医学奋斗的过程。与此同时，邀请成功的医学专业人士分享他们的奋斗经历，为医学生树立榜样，激发他们的奋斗动力。

3. 仁乃医者之心

中华优秀传统文化的儒家思想将"仁"视为核心要义，唐太宗李世民在《赐萧瑀》中更是明确指出："勇夫安识义，智者必怀仁。"这一观念强调性情勇猛者应当懂得道义，而有智慧的人必然怀有仁爱之心。在医学领域，尤其是医务工作者，在行医过程中，怀有仁爱之心至关重要。即使面对困难和挑战，医务工作者也应坚持医德，以仁爱之心为患者提供最优质的医疗服务。

汉代的甄宓在《塘上行》中表达了"傍能行仁义，莫若妾自知"的思想，强调了仁义的实践需从个体自身做起，而非完全依赖他人。这一理念对医务工作者有着深刻的启示。医生应当认识到仁义需要从自身实践中体现出来，持守医德和仁爱之心成为行医过程中的指导原则。在医学伦理和职业操守方面，仁爱之心的体现将使医务工作者更富同理心，更愿意投身于患者的需求和痛苦之中。

仁爱之心不仅表现在医务工作者对患者的关爱上，也包括对同行之间的关怀与协作。医学是一个协同合作的领域，医务团队的协调和共鸣对于提供高效的医疗服务至关重要。通过在医学教育中强调仁爱之心，培养学生在未来工作中更好地理解和尊重同事，形成和谐的医患关系，提高整个医疗团队的合作效率。

医务工作者的仁爱之心还体现在对医疗事业和社会的责任担当上。通过弘扬仁爱精神，医学教育可以引导学生认识到医学事业的神圣性和社会责任，激发他们将医学知识与仁爱之心相结合，为社会健康事业贡献自己的一份力量。

4. 实乃医者之是

中华优秀传统文化中的实事求是思想强调追求真实和务实，这一理念在医学领域有着深远的指导意义。孙思邈在《大医精诚》中明确表示："省病诊疾，至意深心。"这一句传世之言强调在医学实践中，医生需要诊察病情，仔细审视患者的病症，深入了解疾病的本质。这一实事求是的态度成为高效问诊和正确治疗的基石。

医务工作者应当在实践中始终秉持实事求是的原则。在医学诊断和治疗中，医生需要通过翔实地观察、仔细地收集病史以及必要的检查，获取患者全面准确的医学信息。这种信息的积累成为医生判断疾病症状和制定治疗方案的重要基础。在实践中,医务工作者需要摒弃主观臆断和片面认知,以严谨的科学态度对待每一个病例。

实事求是的原则还体现在医学研究和创新中。医学领域不断发展,新的疾病、治疗方法和医学技术层出不穷。医务工作者在科研中应当摒弃主观偏见,实事求是地对待科学问题。通过科学实验、数据分析和实地调研,医学研究者能够更好地理解疾病机制、改进治疗方案,并为医学领域的发展作出贡献。

实事求是的态度也体现在医学教育中。培养医学生的实践能力和判断力,让他们能够在临床实践中灵活应对各种情况,是医学教育的重要目标。通过实际案例分析、模拟手术和临床实习,医学生能够更好地理解医学知识的应用,形成实际解决问题的能力。

5. 持乃医者之坚

持乃医者之坚,强调医务工作者在医学事业中应保持坚定的信念和不懈的奋斗精神。这一理念在唐代医学家华佗的医学实践中得到了生动的体现。华佗虽然出身贫寒,但在医学道路上坚持不懈,通过自己的努力和才华取得了卓越的成就。他的医学精神在《千金要方》等医学著作中有所体现,强调医者需要经过千锤百炼,保持对医学事业的执着追求,不断砥砺前行。

与此相呼应的是清代诗人郑板桥在《竹石》中所表达的"千磨万击还坚劲"的观念。通过描绘竹子能够经受住狂风的摧残而依然坚韧不拔,郑板桥赞美了生命的顽强和韧性。这种坚韧不拔、经受风雨考验的品质恰如医者在医学事业中所需具备的品质。

医务工作者应当在医学事业中坚持这种"持乃医者之坚"的信念。面对医学领域的巨大挑战和困难,医者需要保持坚定的决心,勇敢面对各种压力。在实践中,医务工作者可能会遇到复杂的病例、医学难题,但"持乃医者之坚"的医学精神将使他们能够坚守初心,迎难而上。这种信念还表现为医生对患者的责任心,对医学事业的热爱和对患者生命的尊重。

在医学教育中,培养学生"持乃医者之坚"的品质尤为重要。通过临床实习、模拟手术等教学活动,学生能够在实际操作中感受医学事业的辛劳和责任,培养坚定的医学信仰。

(二)中华优秀传统文化对医学院校校园文化建设的积极意义

1. 德润人心,有助于升华医学生的思想境界

医学生的专业素养不仅包括医学理论知识和实践技能,更关乎其医学伦理和

人文素养。在中华优秀传统文化的熏陶下,医学院校可以通过开设优秀传统文化长廊、利用新媒体进行文化渲染等方式,引导医学生在潜移默化中接受优秀传统文化的熏陶。这不仅有助于医学生正确认识医者的角色和责任,还提供了处理从医和做人之间关系的参考框架。例如,通过传统文化中崇尚的仁爱、忠诚等价值观,医学生可以更好地理解并践行医学伦理,使其思想境界得到升华。

加强医学院校的文化建设,通过植入中华优秀传统文化的教育元素,培养医学生在医学事业中能够胸怀大爱、承担社会责任的品质。在这一过程中,医学生将更加深刻地认识到中华优秀传统文化所弘扬的道德观念对于医学实践的深远影响。这不仅使医学生在专业技能上有所提升,更使其思想境界更为博大,为祖国未来培养具备高度文化素养的医学人才奠定基础。

2. 德才兼备,有利于培育时代新人

医学院校是培养卫生人才的摇篮,其文化教育在塑造学生的思想品质方面具有重要作用。在培养时代新人的过程中,医学院校应当注重学生的思想文化培养,使其在拥有专业知识和技能的同时,具备德才兼备的品质。中华优秀传统文化强调的品德观念对于医学生的培养尤为重要。

医学院校在综合评价学生时,应当采用多维度的评价体系,不仅考查其专业知识和技能水平,也应该融入对德育知识的评价。通过对学生品德方面的全面考察,医学院校可以更好地培养学生的社会责任感和使命感。这种德才兼备的培养理念不仅有助于学生在医学领域中立足,更为其未来成为社会栋梁之材奠定了坚实的基础。

3. 厚德载物,有助于促进医学创新

中华优秀传统文化中的"厚德载物"观念对于医学创新具有积极意义。这一理念传达了道德高尚者能够承担重大任务的思想,以及有德行者应该以深厚的德行来容载世间的万物。屠呦呦作为杰出的医学科学家,其科研历程充分体现了"厚德载物"的精神内涵。她在医学研究中的不懈追求和持之以恒的实践,最终发现了青蒿素,为医学领域的创新作出了巨大贡献。

医学院校应当通过对医学创新历史的深入挖掘和对杰出医学家先进事迹的宣传,激发学生对医学科研的浓厚兴趣。通过"厚德载物"理念的引导,医学生在面对医学科研中的困难和挑战时,能够坚持不懈、勇攀科学高峰,推动医学领域的不断创新。

4. 创新有为，有助于建设一流院校

在当前国际化的形势和重视大学建设的大环境下，医学院校应当充分认识到在全校范围内彰显中华优秀传统文化的思想精华对于提升学校整体水平的积极作用。医学院校不仅是培养医学专业人才的场所，更是时代精神和文化传承的载体。通过在医学教育中注入中华优秀传统文化的精髓，医学院校有望在培养一流医学人才的过程中实现转型升级。

医学院校的创新不仅体现在医学科研领域，也应当在文化建设上有所突破。创新校本课程教育教学活动，使之与时代紧密结合，不仅注重传统文化的传承，更要结合现代医学发展趋势，引领学生走向科技前沿。医学生要有广泛的文化素养，既能够为医学科研提供全局性的思考，又能够胜任国际化医学领域的竞争。

通过中华优秀传统文化对医学院校校园文化建设的积极引导，学校可以激发学生对中华优秀传统文化的浓厚兴趣，进而提高文化认同感。这不仅对于学校整体声誉的提升有积极作用，更有望培养出一批具备深厚文化底蕴的医学专业人才，推动医学领域在国际上的影响力。

在中华优秀传统文化的熏陶下，医学院校将更好地履行文化传承的责任，为学生打造一个既注重医学专业素养，又重视思想文化培养的学习环境。医学院校的文化建设将在塑造一流医学院校的同时，为中国医学事业的发展注入源源不断的活力。

第四章　大中小学教师在中华优秀传统文化教育实践中的角色

第一节　中华优秀传统文化教育实践对教师素养的要求

一、对经典著作的精读领悟

（一）对《论语》的深刻领悟

1. 言行之道的思考

《论语》是儒家经典之一，强调言行之道。通过对《论语》的深刻阅读，应当使教师思考孔子对言传身教的强调。通过挖掘孔子与弟子之间的对话，教师可以引导学生从小事中体现中华优秀传统文化的精髓。通过对话录的深入剖析，教师能够带领学生认识到儒家注重行为举止背后的哲学思想，激发学生对这些思想的兴趣。

2. 弟子言行的剖析

深刻领悟《论语》也意味着深入剖析弟子们的言行。教师可以选取一些典型的对话或情境，详细分析其中的言行举止。通过这些分析，教师可以引导学生理解儒家价值观，如孝道、仁爱、礼仪等是如何贯穿于言行之中的。学生通过学习弟子们的言行，能够更深层次地理解儒家思想的实际应用，为日常生活中的处事原则提供借鉴。

3. 身教与生活实践的结合

教师通过深刻领悟《论语》后，应将其理念与自身的生活实践相结合。在教育过程中，教师要成为学生的榜样，通过自身的言行，向学生展示中华优秀传统文化的精华。教师的身教不仅要体现在教学中，还应贯穿于日常生活。这样的身教能够使学生更直观地感受到传统文化的魅力，培养他们自觉传承和弘扬中华优秀传统文化的责任感。

（二）对《大学》思想的深度挖掘

1. 修身、齐家、治国、平天下的理念

《大学》是儒家经典之一，强调修身、齐家、治国、平天下的理念。教师在深度挖掘时，应引导学生仔细解读这些理念的内涵。通过对《大学》中的文字进行逐字解析，教师可以帮助学生深入理解个体修身、家庭建设、国家治理和天下太平的重要性。通过案例分析，教师能够使学生理解这些理念在不同历史背景下的实际应用。

2. 哲理名句的文学鉴赏

教师在对《大学》的深度挖掘中，可以引导学生解读其中的哲理名句。通过解读这些名句，学生能够深刻理解儒家思想的精髓。教师可以通过分析名句背后的哲学思想，培养学生的文学鉴赏能力。这样的文学鉴赏能力能够使学生更好地领悟儒家文化的深邃内涵，培养他们的人文素养。

3. 人生观和价值观的塑造

通过深度挖掘《大学》的思想，教师可以引导学生形成正确的人生观和价值观。教师应通过精读引导学生深入思考个体修身与社会治理之间的关系，使其理解个体的奋斗与国家的兴旺密不可分。通过讨论《大学》中的理念，学生能够逐渐树立正确的人生观和价值观，形成积极向上的心态。

（三）《中庸》的道德智慧体悟

1. "中道"与"至诚"的内涵解读

《中庸》中"中道"和"至诚"是儒家思想的核心概念。在深刻领悟时，教师应引导学生理解"中道"的平衡之道和"至诚"的真诚与忠诚。通过对这两个概念的深入解析，教师可以帮助学生领悟其中的道德智慧。通过实际案例的分析，学生能够更好地理解这些概念在现实生活中的应用。

2. 经典案例的深层次剖析

通过深度阅读《中庸》中的经典案例，教师可以进行深层次的剖析。通过挖掘案例中的伦理道德问题，引导学生思考其中的道德取舍，培养他们的道德判断能力。通过案例的讨论，学生能够更好地理解《中庸》中的道德哲学，形成正确的人生观和价值观。

3. 行为榜样的塑造

《中庸》中对"中道"和"至诚"的强调有助于教师塑造行为榜样。教师通

过在日常教学中践行"中道"和"至诚"的理念，成为学生学习的楷模。通过身体力行，教师能够更好地引导学生树立正确的行为准则，培养学生的品德和修养。通过深层次的案例分析和行为榜样的呈现，学生将更容易理解和内化儒家思想的精髓，从而形成自己的行为规范和价值观。

通过对《论语》《大学》《中庸》的深刻领悟，教师不仅能够理解其中蕴含的儒家哲学思想，还能够通过引导学生深入解读经典文献，培养学生的文学鉴赏能力和哲学思维。这种深度的挖掘有助于将经典文化内涵融入教育教学实践中，使学生更好地理解中华优秀传统文化的瑰丽之处，培养其积极向上的人生态度。

在教学中，教师还应该注重启发学生的思考，引导他们通过经典的阅读与深度思考，建构自己对生命、人性、社会等方面的深刻理解。因此，深刻领悟经典不仅是对文字的解读，更是对思想的挖掘和传承，这是中华优秀传统文化教育的重要任务之一。

最后，通过深刻领悟儒家经典，教师可以在教学实践中更好地引导学生树立正确的人生观和价值观，培养他们的品德和修养。这样的教育不仅有助于学生更好地面对人生的各种选择和挑战，也能够为社会培养更具有责任感和使命感的新一代人才。因此，深刻领悟儒家经典的价值在于将传统文化融入现代教育，为学生成长提供更为丰富的人文滋养。

二、对中国传统价值观念、礼仪制度的深入认知

（一）对传统价值观念的系统了解

1. 核心价值观的概述

中国传统价值观念扎根于儒家思想，包括孝悌忠信、仁爱和谐等核心价值。对这些价值观的系统了解，需要深入挖掘《论语》《大学》等儒家经典，理解孔子、孟子等先贤对于道德伦理的深刻思考。这样的了解可以帮助教师深刻认识中国传统道德观念的深厚渊源。

2. 孝悌忠信的内涵分析

在传统价值中，孝悌忠信被认为是个体行为的基石。对于孝悌忠信的了解需要深入家族伦理、社会责任等层面，通过经典文献的解读，教师能够准确传达这些价值在家庭和社会中的意义，引导学生树立正确的亲情观和社会责任感。

3. 仁爱和谐的思想内涵

深入了解仁爱和谐的思想内涵，需要研究《孟子》《中庸》等儒家经典。通

过对这些文献的分析，教师可以使学生理解仁爱和谐的真正含义，引导他们在人际关系和社会互动中追求和谐，践行仁爱之道。

（二）对礼仪制度的历史演变分析

1. 宗法制度的演变

对于宗法制度的深入认知，教师需要研究《礼记》《周礼》等礼仪经典，了解宗法制度在封建社会中的起源和演变。这种系统的认知有助于教师在教学中生动呈现礼仪制度对封建社会秩序的重要性。

2. 官场礼仪的发展

通过对历史文献的梳理，教师可以深刻理解官场礼仪的发展历程。深入研究《仪礼》等经典，挖掘其中关于官员礼仪的规范，有助于教师通过案例教学向学生传递尊重和守规矩的重要性。

（三）中国传统礼仪的实际应用

1. 实际应用场景的解析

了解中国传统礼仪在实际应用中的场景，教师需要通过历史文献了解不同时期的社交习惯和礼仪规范。通过对比分析，教师可以将这些实际场景融入教学，使学生更好地理解礼仪在社会生活中的重要性。

2. 模拟场景的引导

通过具体案例的模拟，教师可以引导学生在课堂中亲身体验传统礼仪的实际应用。例如，通过模拟传统婚礼、宴会等场景，让学生在角色扮演中感受传统礼仪的庄重和意义，培养他们的社交技能和人际交往能力。

3. 培养社交技能与人际交往能力

通过实际应用的体验，学生能够更深入地理解中国传统礼仪对于社交技能和人际交往能力的培养作用。教师在这个过程中可以引导学生总结经验，明确礼仪在当今社会的现代化，培养学生的社交技能，使他们更好地适应多元化的社会环境。

第二节　中华优秀传统文化教育实践下的教师角色转变与发展

一、传统文化教育对教师角色的影响

（一）培养学生品德的重要性

1. 传统文化对学生品德的强调

传统文化中蕴含着丰富的道德理念，如孝悌忠信、仁爱和谐等，这些价值观念被认为是培养学生品德的基石。在传统文化的框架下，教师的角色不再仅是知识传授者，更是品德的引导者。传统文化强调通过言传身教的方式，潜移默化地影响学生，使其在品德上得到全面的提升。

2. 教师在传统文化教育中的要求

教师在传统文化教育中需要对学生品德的培养提出更高的要求。除了传授知识，教师还需注重通过言行举止、处世态度等方面的示范，引导学生树立正确的道德观念。这种引导作用不仅在课堂上发挥，更体现在教师的日常生活和职业行为中。

3. 教师的榜样作用

在传统文化教育实践中，教师要成为学生品德的榜样。通过自身的高尚品德和行为，教师能够影响学生的道德情操，激发学生对传统文化的兴趣和尊重。这种言传身教的实践方式有助于培养学生积极向上的品格，使其在社会中更好地发挥作用。

（二）言传身教的实践

1. 言传身教的教育理念

在传统文化教育中，言传身教被奉为一种成效卓著的教育理念，它不仅是一种方法，更是一种师道尊严的体现。这一理念要求教师在传授传统文化价值观和道德准则时，不仅依赖于文字的灌输，更着眼于通过自身的实际行为，将传统文化的深厚内涵传递给学生。

言传身教的教育理念源于对传统文化的深刻理解，它强调文化的传承不仅在于知识的传递，更在于对待生活、人际关系、道德选择等方面的态度。在教育实践中，教师要注重通过自身的言行举止，以正面的榜样引导学生。这不仅包括在教学过程中对传统文化的解读，更包括在日常生活中如何体现传统文化的价值观。

言传身教的实践方式要求教师不仅在言语上准确传达传统文化的内涵，更要通过亲身实践和真挚的表达，让学生在感受中领悟传统文化的魅力。这种方式使学生能够更深层次地理解传统文化的精神，而不仅仅是停留在理论层面。

在言传身教的过程中，教师的品格和操守被放大为学生学习的楷模。通过积极参与社会实践、关心他人、正直守信等实际行动，教师能够在学生心中建立起一种深刻的信任和尊重。这种信任和尊重不仅来自教师的专业素养，更源于对传统文化价值观的认同和体验。

言传身教的教育理念还注重在教学实践中赋予学生自主思考和判断的能力。通过让学生在模仿中学习，观察教师的行为，潜移默化地引导学生形成独立思考的能力。这种引导方式培养了学生对传统文化的主动探究欲望，使他们能够在实际生活中运用所学到的知识。

2.言传身教的方法

在言传身教的过程中，教师可以采用多种方法，以更好地传递传统文化的智慧和价值观。这些方法包括生动的语言和故事传递、文化体验活动组织以及通过日常行为展现品德和道德观念。

生动的语言和故事传递是一种常见而有效的方法。教师可以通过引用传统文学作品、经典诗词，或者讲述与传统文化相关的历史故事，使学生更深刻地理解传统文化的内涵。这种方式不仅能够激发学生的兴趣，也有助于将抽象的文化概念具体化，使学生更容易接受和理解。

文化体验活动的组织对于学生亲身感受传统文化的魅力至关重要。教师可以策划参观文化遗址、传统手工艺制作、书法绘画等实践性活动，让学生在实际操作中体验到传统文化的精神内涵。通过这些活动，学生不仅是在课堂上听到了文化的介绍，更是在实际中亲身感悟到了文化的独特魅力。

同时，教师需要在日常行为中展现出良好的品德和行为，成为学生的良好榜样。教育是一种言传身教的过程，教师的一言一行都会深刻地影响学生。因此，教师要注重自己的言行一致，通过真实的行为来演绎传统文化的理念。这包括对待同事的尊重、对学生的关心、在困难面前的坚持不懈等方面，都能够成为学生学习的楷模。

言传身教的方法要求教师在教学过程中要真实、坦诚地与学生交流，用平实的语言传递传统文化的智慧。同时，教师要注重与学生建立良好的师生关系，通过亲和力和信任感来引导学生。这种方法能够激发学生的学习兴趣，使他们在学习过程中更加投入。

（三）正确价值观的传递

1. 价值观的准确传递

在传统文化教育中，准确传递正确的价值观是教师的重要任务，教师在这一过程中扮演着关键的角色。为了有效地将传统文化中蕴含的正确价值观传递给学生，并引导他们形成积极向上的人生观，教师需要深入理解传统文化的内涵，运用恰当的方法进行传递，这对学生的全面发展至关重要。

首先，教师需要深入理解传统文化中蕴含的价值观。这包括对孝悌忠信、仁爱和谐等核心价值观的深刻理解，以及对经典文学、历史故事等载体中所蕴含的文化内涵的把握。通过对传统文化的深入研究，教师能够更好地理解其中的哲学思想、道德观念，为准确传递这些价值观奠定基础。

其次，教师在传递价值观时需要运用适当的教学方法。传统文化的内涵往往是深刻而抽象的，为了让学生更好地理解和接受，教师可以通过讲解经典文学作品、引用先贤名人的语录、组织文化体验活动等方式，将抽象的文化概念具体化，使学生能够在实践中感受到这些价值观的真切意义。

最重要的是，教师需要通过个人言行和态度，以身作则地示范传统文化中所倡导的正确价值观。教育是一种言传身教的过程，学生更容易受到教师实际行为的影响。因此，教师在日常生活中要注重培养自己的品德修养，做到言传身教，使学生在接触到教师的言行时，能够深刻理解和感悟传统文化中所弘扬的价值观。

准确传递传统文化的价值观念不仅是知识的传递，更是对学生思想观念和人生态度的引导。通过深入理解、巧妙运用教学方法以及言行一致的示范，教师能够在传统文化教育中更好地引领学生，使他们在传统文化的熏陶中形成积极向上的人生观，为全面发展奠定坚实的基础。

2. 学生仁爱之心的培养

在传统文化中，仁爱被视为一种核心价值观，因此，教师在教育实践中应当重视学生仁爱之心的培养。通过巧妙的教学方法和实际案例引导，教师能够激发学生关心他人、乐于助人的情感，使他们逐渐形成积极的社会互动态势。这种仁爱之心的培养不仅体现了传统文化的核心价值，也有助于学生成为具有社会责任感的个体，为构建和谐社会贡献力量。

教师可以通过传统文学作品、历史故事等媒介，向学生传达仁爱的内涵。经典的文学作品往往包含着深刻的人生智慧，通过引导学生阅读和思考，教师能够使他们更好地理解仁爱的真谛。例如，可以通过分析古代仁爱典故，如《论语》中的孟子劝学、梁惠王与爱妻的故事等，引导学生认识仁爱的重要性。

教师在日常教学中要注重培养学生的社会责任感。通过组织社会实践活动、志愿者服务等方式，让学生亲身参与到社会中，体验帮助他人、服务社会的喜悦，从而感受到仁爱之心的力量。这种实践型的培养方式有助于将仁爱观念转化为实际行动，使学生更深刻地理解仁爱的内涵。

教师要通过身体力行的方式，以身作则地示范仁爱之心。教育是一种言传身教的过程，通过教师在言行中展现出的关爱、尊重、助人为乐的态度，能够对学生的态度和行为产生深远的影响。教师作为学生的榜样，能够通过自身的言行来引导学生树立正确的人生观和价值观。

3. 学生正确选择的引导

在传统文化教育中，教师的使命之一是引导学生形成正确的价值观，使其在人生道路上能够作出积极向上的选择。这种引导涉及对学生正确选择的培养，使他们在面对各种困境和抉择时能够树立正确的判断和决策能力。以下是教师在传统文化教育中对学生正确选择的引导方法：

首先，教师可以通过精心设计的教学案例向学生传达正确的价值观。通过分析真实或虚构的案例，教师可以引导学生在面对人生抉择时，应当考虑传统文化价值观念中的道德准则。例如，通过讨论历史人物或文学作品中的选择和决策，学生可以更直观地理解仁爱、忠诚、孝道等传统价值观在实际生活中的应用，从而形成正确的人生观。

其次，教师可以通过学生的实际经历引导其正确选择。在学生面临困境或抉择时，教师可以采用心理辅导的方式，引导学生理性思考，分辨是非曲直。通过与学生进行深入的交流和沟通，教师能够了解学生的内心感受、困惑和期望，帮助他们树立正确的人生导向。这种个性化的引导方式有助于学生更好地理解传统文化对正确选择的要求，并在实际生活中付诸实践。

最后，教师要在传统文化教育中注重培养学生的道德判断力。通过让学生参与道德讨论、伦理思考等活动，教师能够引导学生分析和评估不同选择对个人、家庭和社会的影响，使学生形成清晰的道德判断。这有助于学生在面对复杂的社会现实时，能够准确地把握道德底线，坚守传统价值观。

二、教师在一体化实践中的角色调整

（一）知识传递者与文化实践者的融合

1. 传统文化教育中教师的新要求

在传统文化教育实践中，教师角色的新要求涉及对知识传递者角色的超越，更加注重文化实践的融合，以及具备跨学科的知识和合作能力。这种新的要求反映了对教师综合素养和专业水平的提高。

教师需要超越传统的知识传递者角色，将更多的关注点放在文化实践中。传统文化注重实践，教师应该成为学生文化实践的引导者和组织者。这要求教师具备丰富的传统文化知识，但更重要的是能够将这些知识有机地融入实际的文化实践活动中，引导学生在实践中深刻理解和体验传统文化的内涵。

教师需要具备跨学科的知识和合作能力。一体化实践要求教师与不同学科的教师之间形成密切合作，共同参与传统文化的教育实践。这需要教师具备跨学科的知识背景，能够理解和融合其他学科的教学内容，形成有机地整合。同时，教师需要擅于与其他学科的教师进行沟通和合作，形成协同育人的合力，提升传统文化教育的整体效果。

另外，教师的角色要求更注重学生个体发展和全面素养的培养。不仅是知识传授，教师更应关注学生的思想品德、文化素养、实践能力等多个方面的发展。这要求教师更加关心学生的个体差异，注重因材施教，引导学生在传统文化教育中形成更为全面的素养。

2. 教师的文化实践素养

在一体化实践中，教师的文化实践素养至关重要，他们需要成为文化实践的引领者。这不仅要求教师深刻理解传统文化的内涵，还需要能够将这些文化元素有机地融入实际的教学过程中，以丰富学生的学习体验。

教师的文化实践素养体现在对传统文化内涵的深刻理解上。教师需要具备系统而深入的传统文化知识，包括儒家思想、道家哲学、佛教文化等各个方面的知识。这种深刻的理解不仅包括对经典著作的研读，更需要对传统文化的演变历程、核心价值观的形成等有全面而深入地把握。只有在这种深厚的基础上，教师才能够在实践中有针对性地引导学生深入理解传统文化的内涵。

教师的文化实践素养还表现在能够将传统文化元素有机地融入实际教学中。

这要求教师不仅是知识的传递者，更是文化的传播者。教师可以通过多种方式，如设计文化实践活动、引用经典诗文、组织传统文化体验等，将传统文化元素融入日常教学中。这样的实践不仅能够激发学生的学习兴趣，更有助于让学生在实践中亲身感受和体验传统文化的独特魅力。

教师的文化实践素养要能够有效引导学生，使他们在实践中更好地理解和感受传统文化的价值。通过言传身教、组织实际文化活动等方式，教师能够激发学生对传统文化的浓厚兴趣，引导他们形成对传统价值观的认同和理解。这种引导作用不仅体现在知识的传递上，更关注学生在实践中的体验和反思，培养学生对传统文化的深刻理解和积极参与。

3. 教师与其他学科的跨学科合作

在一体化实践中，教师与其他学科的教师之间的跨学科合作成为推动传统文化教育的重要手段。这种合作模式旨在通过整合各学科资源，形成全方位、多角度的传统文化教育，从而提高学生的文化素养。

教师与历史学科的合作可以深化学生对传统文化历史演变的理解。通过将历史文化元素融入传统文化教育中，教师可以帮助学生更好地理解传统文化的发展脉络，认识到传统文化在漫长历史中的延续和变革。历史学科的知识有助于为传统文化提供更为全面深刻的背景解读。

教师与文学学科的合作可以通过文学作品传递传统文化的情感和精神内涵。文学作品往往是传统文化的生动表达，通过文学教育，学生可以更深刻地体验传统文化的情感色彩和人文精神。教师与文学学科的合作可以设计文学阅读活动，引导学生通过文学作品深入感知传统文化的独特魅力。

此外，与艺术学科的合作可以通过视觉、听觉等艺术形式直观呈现传统文化的艺术价值。通过美术、音乐、舞蹈等艺术活动，学生可以更加生动地感受到传统文化所包含的审美和艺术元素。教师与艺术学科的合作有助于将传统文化从抽象的概念中解放出来，使学生在艺术的沉浸中更好地理解传统文化的美学内涵。

这样的跨学科合作模式不仅丰富了传统文化教育的内容，也促进了各学科之间的有机融合。通过团队协作，教师能够为学生提供更为全面和深刻的传统文化教育体验，培养学生对传统文化的全面理解和积极参与。

（二）一体化实践中的引导者

1. 引导学生积极参与文化实践

在一体化实践中，教师的作用不仅是传递知识，更涉及引导学生积极参与传统文化实践活动。通过激发学生的兴趣，教师可以有效地引导学生深入参与各类传统文化实践活动，以丰富其文化体验，培养对传统文化的热爱和理解。

教师可以组织文化体验活动，通过参观博物馆、古迹、传统工艺展示等方式，使学生亲身感受传统文化的魅力。例如，参观历史悠久的古城墙、博物馆中的传统艺术品，使学生能够更加直观地了解传统文化的发展历程，感受到文化传承的深厚底蕴。通过这样的体验，学生将对传统文化产生浓厚的兴趣，激发他们深入学习的动力。

教师可以引导学生进行文化创作，通过绘画、书法、剪纸等方式，让学生亲自参与传统文化的创造性实践。这种实践既能够锻炼学生的动手能力，同时也有助于学生对传统文化的理解和表达。例如，学生可以通过绘画表现传统节日的场景，通过书法展现传统经典的文字，这样的创作既是对传统文化的学习，也是对个体情感的表达和对创造力的培养。

教师还可以通过组织传统文化活动，如传统舞蹈、音乐表演、戏曲欣赏等，激发学生对传统文化的参与热情。通过亲身参与这些活动，学生能够更加深刻地感受到传统文化的魅力，体验传统文化的情感内涵，使其对传统文化有更为全面的认知。

教师在一体化实践中的引导作用是多方面的，通过组织文化体验、文化创作、传统文化活动等形式，可以有效引导学生积极参与传统文化实践，从而使他们更好地理解和体验传统文化的内涵，形成对传统文化的深刻认识和热爱。这样的实践不仅有助于学生个体的成长，也对传统文化的传承和发展起到了积极的推动作用。

2.发挥引导和激发创造力的作用

在一体化实践中，教师的引导和激发学生创造力的作用至关重要。通过设计充满创意的实践活动，教师能够引导学生从多个维度深入体验传统文化，培养学生的审美情感和创造性思维，从而促进学生更全面、深入地理解和体验传统文化。

首先，教师可以通过开展多样化的文化体验活动，激发学生对传统文化的好奇心和探究欲望。例如，组织传统手工艺制作、传统音乐舞蹈表演、传统美食制作等活动，让学生通过实际参与感受传统文化的独特魅力。这样的实践既能够激发学生的兴趣，又能够培养他们在创造性实践中的审美情感。

其次，教师可以鼓励学生进行文化创作，通过绘画、书法、文学创作等方式，表达对传统文化的理解和情感体验。教师在这个过程中不仅是指导者，更是学生创造性思维的启蒙者，帮助他们发现传统文化中的创意元素，激发独立思考和创作的能力。

同时，教师可以设计传统文化与其他学科知识融合的项目，促进跨学科的一体化实践。通过组织跨学科团队项目，如传统文化与科技的结合、传统文化与现代艺术的交叉等，激发学生在创新实践中的动力，培养他们综合运用知识的能力。

最后，教师在一体化实践中要关注学生个体差异，根据学生的特长和兴趣，提供个性化的引导和激发策略。通过关注学生的创造性思维过程，教师可以更好地发挥引导和激发创造力的作用，推动学生在传统文化实践中充分发挥自己的创造力。

3. 与其他学科教师的密切合作

在一体化实践中，密切合作是传统文化教育成功实施的关键。教师与其他学科的密切合作不仅可以促成知识的有机融合，更能够形成全方位、多角度的传统文化教育，从而培养学生的全面素养。

首先，教师与语文、历史、艺术等相关学科的教师可以共同规划和组织跨学科的传统文化实践活动。通过制订项目计划、明确任务分工，不同学科的教师可以在传统文化活动中发挥各自专业特长，为学生提供更为全面的学科体验。例如，在传统文学欣赏中，语文教师负责文本分析，历史教师介绍历史背景，艺术教师指导学生进行相关创作，形成有机整合的跨学科教学模式。

其次，教师之间的合作可以通过共同参与文化研究项目而得以强化。通过历史学家、艺术家、文学评论家等不同领域的专业人员共同参与，可以为学生呈现更加立体、深刻的传统文化知识。这种合作方式不仅能够加深学生对传统文化的理解，还能够提供学科交叉的研究视角，拓展学生的知识结构。

再次，教师还可以通过跨学科的实践活动促进学科知识的融会贯通。例如，在传统文学创作项目中，语文教师引导学生运用文学修辞手法，艺术教师指导学生将文学作品进行美术表达，实现文学与艺术的跨界融合。这样的实践有助于拓宽学生的学科视野，培养其综合运用知识的能力。

最后，教师之间的合作也可以通过共同参与研讨和培训活动而得以促进。定期组织学习交流研讨会，分享教学心得和方法，促使教师们更好地理解传统文化教育的重要性，提升教学水平，形成更为系统的教学理念。

第三节 中华优秀传统文化教育实践中教师的素养培训与发展建设

一、培训计划设计与实施

（一）需求分析与定位

1. 细致地问卷调查

在中华优秀传统文化教师培训的需求分析初期，培训机构迅速而全面地了解教师对中华优秀传统文化素养的认知和需求至关重要。为此，我们设计了一份细致的问卷调查（附录二），以深入了解教师在核心价值观念、历史传承等方面的认知水平和培训需求。此问卷旨在确保培训计划的设计不仅具有具体性和针对性，而且能够充分满足教师的期望，提高培训的实效性。

在了解个人信息方面，我们应关注教师所在的学校或机构类型、教育职务以及工作年限，以建立对受访者背景的全面认知。这有助于我们更好地针对不同学段、不同层次的教育工作者制定差异化的培训计划。

我们还聚焦于教师对中华优秀传统文化整体认知的了解程度，以明确他们对传统文化的熟悉程度。此外，我们探讨教师对中华优秀传统文化在学校教育中的作用的看法，以评估其对中华优秀传统文化重要性的认知，从而为后续培训的深度提供指导。

在培训需求分析方面，我们设计问题以了解教师希望在培训中学到的中华优秀传统文化方面的具体知识，涵盖核心价值观念、历史渊源、传统文学、艺术形式（如书法、绘画）、传统礼仪等方面。这有助于明确培训的重点内容，以便更有针对性地满足教师的学习需求。

同时，我们探讨了教师对中华优秀传统文化教育在实际教学中的应用程度，以了解他们在教学实践中对传统文化的整合程度。此外，通过教师对中华优秀传统文化教育的难点或疑惑的反馈，我们可以更深刻地理解教师在传统文化教育中所面临的挑战，有助于精准制定培训的解决方案。

在确定培训形式方面，我们应关注教师对培训形式的偏好，包括讲座、研讨会、应用案例分析、实地考察、互动交流等。这有助于确保培训形式贴合教师的学习喜好，提高培训的吸引力和参与度。

最后，我们提出了一些关于实践性强的教学设计或案例分析的问题，以了解教师是否愿意深度参与实际教学操作。这有助于我们更好地规划培训内容，使其更贴近实际教学场景。

2. 座谈会的深度交流

座谈会作为一种深度交流的有力工具，对于获取关于中华优秀传统文化教师培训的深层次信息至关重要。与简单的问卷调查相比，座谈会提供了一个更为亲密和实质性的平台，使教师们能够在自由开放的氛围中深入讨论，分享彼此在传统文化教育中的实际体验与感悟。

在座谈会中，教师们有机会深入探讨在传统文化教育中所面临的挑战和困惑。通过开放式的对话，可以挖掘教师在实际教学过程中遇到的各种问题，例如如何将传统文化融入不同学科的教学中，以及如何在多元文化背景下更好地传递中华优秀传统文化价值观。这种深层次的交流有助于理解传统文化教育的复杂性和实际操作的难点，为培训计划的设计提供实质性的参考。

除了挑战和困惑，座谈会还为教师提供了表达对培训的期望的具体细节的机会。通过直接听取教师对培训的期望，可以更准确地把握他们对培训内容、形式和深度的实际需求。这有助于培训机构更为细致地规划培训课程，确保培训不仅关注理论知识的传授，更注重实际操作技能的提升，使培训更符合教师的实际需求。

在参与座谈会的过程中，教师们还能分享关于成功经验和有效实践的案例，这对于其他教师的借鉴具有积极的作用。通过分享这些实际经验，可以促使更多的教师从实际操作中学习，激发创新意识，提高传统文化教育的实际效果。座谈会所营造的开放氛围有助于形成一个共同学习、共同进步的教学社群。

3. 教育政策和社会需求的分析

在进行中华优秀传统文化教师素养培训需求分析时，除关注教师个体需求外，还必须考虑教育政策和社会需求的影响。这一维度的分析旨在更全面地理解传统文化教育在当前社会背景下的地位和教师在培训中需要关注的热点问题。

教育政策是推动中华优秀传统文化教育的关键因素之一。通过研究相关政策文件，可以洞察国家对传统文化教育的定位和重要性。例如，政府可能强调将中华优秀传统文化融入学科教育，加大学校传统文化教育的力度。这些政策导向直接影响到教师在教学实践中应当关注和强调的内容。培训机构应当对这些政策有深刻的理解，以确保培训内容与政策要求相一致，使培训更符合国家的教育整体发展方向。

社会需求也是需求分析的重要组成部分。社会对中华优秀传统文化的认知和期望会直接影响到教师在培训中的关注点。如果社会对传统文化教育的需求日益增长，教师对于相关培训的需求也会相应提升。培训机构需要通过调研社会反馈、观察社会热点话题等方式，了解社会对传统文化的期望，以便更好地调整培训计划，使其更具社会实际意义。社会需求的变化还可能影响到传统文化教育的形式和内容，培训机构需要灵活应对，使培训更能满足社会的实际需求。

综合教育政策和社会需求的分析，可以帮助培训机构更好地把握教师培训的定位和方向。在政策导向方面，培训可以更紧密地结合国家政策，深度解读政策背后的意图，使培训更有针对性；在社会需求方面，培训可以更关注社会对于传统文化的关切点，使培训更贴近社会现实，更能够满足社会的期望。

因此，将教育政策和社会需求纳入中华优秀传统文化教师素养培训需求分析中，不仅可以使培训更具国家层面的战略性，也有助于使培训更符合社会的实际需要。这样的综合分析有助于培训机构更全面、更深刻地理解中华优秀传统文化教育的发展趋势，为培训计划的设计和实施提供更为科学的指导。

4. 定位培训的深度和广度

在进行中华优秀传统文化教师素养培训的需求分析时，不仅需要确定培训的深度，还需要充分考虑培训的广度。这意味着要通过深入分析教师的基础知识水平、学科背景等方面的信息，制订不同层次、不同领域的培训计划，以确保培训既符合整体需求，又具有针对性。

培训的深度需要根据教师的基础知识水平进行差异化设计。通过调查了解教师在中华优秀传统文化领域的了解程度和熟悉程度，可以将教师分为不同层次的学习群体。对于已有一定传统文化基础的教师，培训计划可以更深入地探讨高级理论知识，如古代文献解读、哲学思辨等，以进一步提升其传统文化素养。而对于基础较薄弱的教师，培训可以从传统文化的基本概念、核心价值观念等方面入手，逐步深入，确保培训深度与教师的实际水平相匹配。

培训的广度需要考虑不同学科领域的特殊性。由于中华优秀传统文化涵盖众多领域，包括语文、历史、哲学等多门学科，不同学科的教师在传统文化素养方面的需求也各不相同。因此，在培训计划中应充分考虑不同学科领域的特殊需求，制定相应的培训内容。例如，对语文学科的教师，可以侧重于文学作品的深度解读和语文教学中传统文化元素的融入；而对历史学科的教师，可以强调历史事件对传统文化的影响和历史思维在教学中的运用。通过这样的差异化设计，培训可以更贴切地满足不同学科领域的教师的实际需求。

在培训的过程中，可以采用分层次、分专业领域的教学方式，例如开设不同层次的课程或专题讲座，以满足不同教师的需求。同时，培训计划还可以引入专业领域的专家，提供更具针对性的培训服务。通过这样的差异化培训，可以更好地满足教师个性化的学习需求，提高培训的实效性。

（二）培训内容设计

1. 理论知识的系统讲解

在中华优秀传统文化教师素养培训中，对理论知识的系统讲解是培训计划中的关键一环。此项讲解的核心目标在于全面深入地介绍中华优秀传统文化，囊括儒家、道家、佛家等不同传统文化流派的核心思想，并着重阐述它们在历史发展中的演变过程。通过全面的讲解，旨在帮助教师建立对传统文化的整体认知，为其后续在教学实践中更好地运用传统文化元素奠定坚实基础。

首先，培训应深入阐述儒家思想的核心理念。儒家思想以仁爱、孝悌、礼义为核心，强调个体与社会的关系，提倡君子之道。在讲解过程中，可以详细介绍《论语》《孟子》等儒家经典的主要思想，并深入解读这些思想在社会伦理、家庭伦理等方面的实际应用。通过对儒家思想的系统讲解，教师能够更好地理解传统文化对于道德伦理的强调，为其在教学中注入这一价值观提供理论支持。

其次，培训还应对道家思想进行深入浅出的解读。道家思想强调自然、无为而治、道德修养等观念，注重个体的内在修炼和对自然规律的顺应。通过对《庄子》《道德经》等经典的系统讲解，教师可以更全面地了解道家思想的深邃内涵，为在课堂中引导学生探讨人生哲学和个体修养提供理论支撑。

再次，培训还应深入挖掘佛家思想的精髓。佛家思想强调涅槃、慈悲、因果报应等概念，通过修行达到解脱的境地。通过对佛陀生平、《大正藏》等佛教经典的介绍，教师能够更好地理解佛家思想的宗教性质及其在文化传承中的影响，为将佛家思想融入教学提供有力支持。

最后，培训计划还应通过对不同传统文化流派在历史发展中的演变过程进行分析，帮助教师建立对传统文化演进脉络的整体把握。了解传统文化的历史变迁，有助于理解其在不同时期的社会背景和文化氛围下的变化，为教学中更有深度地讲解传统文化的历史地位提供依据。

2. 实际案例的深入分析

中华优秀传统文化教师素养培训的有效性不仅体现在理论知识的传递，更需要通过深入分析实际案例，引导教师将所学理论知识有机地融入实际教学中。通过以历史事件、文学作品等为实例，深度挖掘其中蕴含的传统文化元素，不仅有助于教师更好地理解传统文化的内涵，同时能在教学实践中灵活运用这些元素，实现传统文化的生动传承。

以历史事件为例，培训计划可以通过深入分析具体历史事件中的传统文化元素，帮助教师理解其在历史演变中的价值和影响。例如，通过对中国古代的礼仪制度、官僚文化等方面的历史事件进行案例分析，可以使教师更深刻地领会传统文化对社会组织、价值观念的塑造。这样的案例分析不仅拓展了教师的历史知识面，也为其在教学中通过具体案例呈现传统文化的实际运用提供了范本。

此外，通过对文学作品的深入分析，也能够在情感和审美层面引导教师更好地理解传统文化。文学作品往往是传统文化的生动表达和具体体现，例如古代诗词、传统戏曲等。通过选取具有代表性的文学作品，培训可以引导教师分析其中蕴含的儒家、道家、佛家等不同思想观念，并通过深度解读，使教师能够更好地理解和传递这些思想。这样的深入分析有助于将传统文化元素融入语文教学中，使学生在情感共鸣中更好地领悟传统文化的精髓。

在实际案例的分析过程中，培训计划还可以通过教师团队的合作和讨论，促使教师们共同思考如何在教学实践中运用所学知识。通过分享不同的教学案例，教师可以互相启发、交流经验，形成一个共同学习的社区。这有助于培训的可持续性，使教师在培训结束后能够继续通过实际案例的分享和讨论中不断提升自己的传统文化教育水平。

3. 互动交流的形式创新

为促进中华优秀传统文化教师素养培训的实效性和参与度，培训计划应当创新互动交流的形式，采用多样化的方法，如小组讨论、角色扮演、教学设计比赛等，以推动教师之间的深度交流、合作，并使培训内容更贴近教育实际。

在培训计划中引入小组讨论是一种有效的互动交流形式。通过将教师分成小组，让他们一起讨论中华优秀传统文化的相关问题，可以促使教师们分享彼此的见解和经验。这种形式有助于培养教师团队协作的意识，同时为他们提供了一个共同学习的平台。在小组讨论中，教师们可以通过交流不同的观点、分享实际教学经验，从而更好地理解传统文化的多层次内涵，并在实践中相互启发。

角色扮演是另一种有趣而实用的互动交流形式。通过扮演不同的角色，教师可以更深刻地理解传统文化中的人物思想、行为特点等，从而更好地将其融入教学中。例如，教师可以通过扮演历史人物，体验传统文化的思维方式和生活态度，从而将其更好地传达给学生。这样的实践性体验不仅能够增加培训的趣味性，也有助于提高教师对传统文化的感知和理解。

教学设计比赛是一项激发教师创造力和实践能力的形式。在比赛中，教师可以结合自己的学科特点和教学实际，设计融入中华优秀传统文化元素的课程。这有助于培训的实际应用，使教师在竞争中激发创新意识，提高教学设计的水平。同时，比赛还能够营造积极向上的培训氛围，激发教师的学习热情。

这些互动交流形式的创新在培训计划中起到了重要的作用。通过小组讨论、角色扮演、教学设计比赛等多样化的交流方式，教师们能够更活跃地参与培训，更深入地理解中华优秀传统文化，并在实践中得到更好的运用。这样的培训设计不仅能够提高教师的专业水平，还有助于形成一个积极向上、互相学习的培训氛围，从而更好地推动中华优秀传统文化在教育中的传承与发展。

4. 实用性与可操作性的强调

在设计中华优秀传统文化教师素养培训内容时，强调实用性和可操作性是至关重要的。培训内容应紧密结合教师的日常教学实践，注重传统文化在各学科中的具体应用。通过突出实用性，旨在确保培训不仅是理论知识的灌输，更要具有指导教师在实际教育中应用传统文化的能力。

首先，培训内容要与教师的日常教学密切相关。传统文化作为一种重要的文化遗产，其内涵丰富而复杂。因此，在培训中应当精心挑选与各学科、各年级相关的传统文化元素，使教师能够在教学中有的放矢地运用这些元素。以语文学科为例，培训内容可以涵盖古代文学作品的深度解读、古诗词的教学方法等方面，使教师能够更好地将传统文化元素融入语文教学中。

其次，强调可操作性，培训内容应该具有明确的操作指导。教师在培训后应能够具备将所学传统文化知识运用到实际教学中的能力。这可以通过案例分析、教学设计等实践性环节来实现。例如，通过实际案例的深入分析，教师可以学会如何解读历史事件中蕴含的传统文化元素，并在相关教学场景中进行合理引导。这样的可操作性设计有助于将培训知识真正转化为教育实践中的成果。

最后，培训内容要具有灵活性，能够适应不同学科、不同年级的需求。传统文化在不同学科中的运用方式存在差异，因此培训内容应能够灵活调整，以满足不同学科领域的教师需求。这可以通过设立不同层次的培训课程、提供个性化的学习支持等方式来实现，使每位教师都能够找到最适合自己的培训课程。

（三）互动与反馈机制

1.建立在线平台进行持续互动

为促进中华优秀传统文化教师素养培训的可持续发展和教师之间的深度互动，培训机构应建立在线平台，提供持续的互动机会。这样的在线平台可以通过论坛、在线讨论组等形式，促使教师之间的互动不仅局限于培训期间，还能够延续到平时的教育实践中。这样的互动机制有助于共享经验、解决问题，形成一个真正意义上的学习共同体。

首先，建立在线平台有利于培训资源的延续和共享。在培训结束后，教师可以通过在线平台继续获取培训资料、参与讨论，保持对传统文化知识的学习热情。这有助于避免培训结束后教师学习的断层，从而形成一个长期的学习过程。同时，通过平台共享教材、教学案例等资源，可以更好地推动传统文化在教育实践中的传承。

其次，在线平台能够建立教师社群，促进深度交流。通过论坛和讨论组，教师可以随时随地分享自己在传统文化教育中的实践经验，提出问题并得到及时的解答。这种社群形式有助于搭建一个开放、共享的学习环境，使教师在实际教育过程中能够更好地借鉴他人的成功经验，同时能够在共同的问题上形成集体智慧。

最后，建立在线平台还可以通过专题研讨、在线讲座等形式，不断拓展教师的知识面。通过邀请专家学者或具有丰富经验的教育者进行在线讲座，为教师提供更广阔的学术视野和教育理念。这有助于使培训内容更为丰富多样，满足不同教师的学习需求。

2.定期组织经验交流会

培训机构在推动中华优秀传统文化教师素养培训的可持续发展中，除了建立在线平台，还应定期组织实地经验交流会。通过面对面的交流，教师可以更直观地分享在实际教学中应用传统文化的经验和感悟。这样的交流会可以促使培训效果更直接地渗透到教育实践中，形成更为深入和具体的教学应用。

首先，实地经验交流会提供了一个实践互动的平台。教师们可以在会上分享自己在课堂上应用传统文化的具体案例，讲述成功的经验和遇到的挑战。这样的分享不仅停留在理论层面，更包含了实际操作的细节和情境，使其他教师能够更直观地理解如何将传统文化融入具体的教学中。

其次，实地经验交流会有助于建立更紧密的师资群体。通过面对面的交流，教师之间的关系更加真实和亲密，形成了一个共同成长、共同进步的团体。这种群体性的交流能够激发教师更多地参与到培训和教学改进中，形成一种集体智慧的效应。

最后，实地经验交流会也提供了一次实践观摩的机会。教师们可以亲自走进其他教师的课堂，观摩他们如何有机地融入传统文化元素，从而获取更多的灵感和启示。这种实地观摩不仅使培训更具实际操作性，也使教师们能够在实践中感受到传统文化教育的独特魅力。

3. 建立反馈机制，调整培训方向

在中华优秀传统文化教师素养培训中，建立有效的反馈机制是保证培训质量和实效性的重要环节。通过及时地了解教师对培训内容的理解程度、实际运用情况以及存在的问题，培训机构可以更灵活地调整培训方向和形式，以更好地满足教师的学习需求。

首先，反馈机制应包括多层次的信息收集。可以通过定期的问卷调查、小组讨论、个别面谈等方式，全面了解教师在培训过程中的感受和反馈。问卷调查可以量化地收集整体反馈数据，而小组讨论和个别面谈则能深入挖掘教师的个体需求和问题。因此，这种多层次的信息收集有助于建立更为全面和精准的反馈体系。

其次，反馈机制应强调实效性。不仅要了解教师对培训内容的理解程度，还要关注他们在实际教学中的应用情况。通过收集教师在实践中遇到的问题和取得的成效，培训机构可以更有针对性地调整培训内容，使之更贴近实际，更具实用性。实效性的反馈也能够激发教师在培训中的积极性，使其更加主动地参与到学习中。

最后，建立反馈机制需要培训机构具备及时响应和灵活调整的能力。一旦收到反馈信息，培训机构应当迅速进行分析和总结，及时调整培训方向和形式。这需要培训机构具备灵活的组织和管理机制，能够随时根据实际情况进行调整和改进。

二、教师发展需求的分析

（一）细致调查

1. 问卷设计的科学性

在进行细致调查时，问卷设计是至关重要的一环。问卷应该科学合理，既包含开放性问题以了解教师真实感受，又包含封闭性问题以便于数据分析。确保问卷的设计能够全面反映教师在传统文化素养方面的认知和需求。

2. 个别访谈的深入探讨

除了问卷调查，个别访谈是获取更深层次信息的有效手段。通过与教师进行一对一的深入访谈，可以更全面地了解他们对传统文化培训的期望、存在的疑虑以及个人发展的瓶颈。这种深入探讨有助于捕捉到难以通过问卷调查获取的细节信息。

3. 多层次维度的问题设置

教师的发展需求是多层次、多维度的，因此在调查中应该设置多个维度的问题。包括但不限于知识水平、教学实践中的困惑、对中华优秀传统文化认知的深度等。通过这样的多层次维度问题设置，能够更全面地了解教师的需求状况。

4. 教育心理学的应用

在调查中可以引入教育心理学的知识，通过分析教师的心理需求、情感态度等方面的信息，更好地理解他们在传统文化素养培训中的体验和期望。这样的应用有助于培训机构更精准地把握教师的发展需求。

（二）个性化培训方案

1. 差异化的课程设置

根据调查结果，培训机构应制定差异化的课程设置。对于传统文化认知较低的教师，可以设立基础知识普及的课程；而对于已有一定认知基础的教师，可以开设深度剖析和实践应用的高级课程。差异化的课程设置有助于更好地满足不同层次教师的学习需求。

2. 跨学科的教学设计

考虑到教师来自不同学科领域，个性化培训方案应该包括跨学科的教学设计。例如，历史学科教师可能更关注文献解读，而语文学科教师可能更关注传统文学作品的教学方法。因此，跨学科的设计有助于让不同学科领域的教师都能找到切实可行的培训内容。

3. 因材施教的导师制度

建立因材施教的导师制度，为每位教师配备专业的导师。导师应根据教师的个体差异，提供个性化的辅导和指导。通过与导师的密切互动，教师能够更深入地理解传统文化，并将其有机地融入自己的教学实践中。

4. 灵活的学习路径

个性化培训方案应该设计灵活地学习路径，允许教师根据自身情况和学习进度选择不同的培训模块。这有助于提高教师的学习积极性，确保培训的灵活性和贴近教学实际。

（三）长期跟踪服务

1. 定期调研和反馈

长期跟踪服务需要通过定期的调研和反馈来实现。定期向教师发送调研问卷，了解他们在实际教学中的应用情况、遇到的问题以及对培训效果的评价。通过及时地反馈，可以更精准地调整培训方向。

2. 个性化的成长规划

通过长期跟踪服务，培训机构可以为每位教师制定个性化的成长规划。根据教师在培训中的表现和实际需求，为其提供个性化的培训建议和职业发展指导。这样的个性化服务有助于教师更有针对性地提升自己在传统文化教育方面的素养。

3. 专业团队的持续支持

建立专业团队，负责持续支持教师的发展。该团队应包括传统文化专家、教育心理学家、课程设计专家等多个领域的专业人员。通过专业团队的支持，教师在实践中遇到的问题能够得到及时有效地解决。

4. 共建学习共同体

长期跟踪服务的目标之一是促进教师之间的合作与学习。培训机构可以鼓励教师组成学习共同体，共同分享经验、解决问题。通过定期组织教师间的学术研讨会、工作坊等活动，促使教师之间建立起紧密的合作关系，形成互帮互助的学习共同体。这样的学习共同体有助于实现教师在传统文化素养上的集体提升。

5. 动态调整培训计划

长期跟踪服务的一个重要目标是实现培训计划的动态调整。通过分析跟踪调查结果，培训机构应不断优化培训内容、形式和方法，以适应教师在实际教学中的变化需求。因此，这种动态调整能够使培训计划始终保持与教育实践同步的特性。

三、教育机构与学校合作的效果

（一）资源整合与优势互补

1. 专业团队的整合

在中华优秀传统文化教师素养培训中，教育机构可以整合专业团队，包括传统文化专家、教育学者、教学设计专家等。这样的专业团队能够为学校提供丰富的专业知识和经验，确保培训内容既符合传统文化的本质，又具备实际教学的可操作性。

2. 教学资源的共享

教育机构拥有丰富的教学资源，包括传统文化教材、多媒体资料、案例分析等。通过与学校的合作，可以将这些资源共享给教师，使其在培训中能够更便捷地获取相关资料。这种资源共享不仅提高了培训的实用性，也减轻了学校自行搜集教材的负担。

3. 培训计划的定制化

教育机构可以根据学校的实际需求，定制化培训计划。通过深入了解学校的师资情况、传统文化教育的发展方向等，调整培训的重点和内容。这样的定制化培训计划有助于更好地满足学校的实际需求，提高培训的针对性。

4. 学科整合的优势

由于学校涵盖各个学科领域，教育机构可以与学校共同进行学科整合。例如，在培训计划中将传统文化与历史、语文、艺术等学科相结合，使不同学科的教师都能够从培训中获益。学科整合的优势互补有助于形成全面、多层次的培训效果。

（二）实践平台的提供

1. 教学实践的结合

教育机构与学校合作可以将培训内容与学校的教学实践结合起来。通过在学校进行实地观摩、教学实践等环节，使教师在培训中学到的知识能够有机地融入实际的教学场景中。这种实践平台的提供使培训更加贴近教育现场，增强了教师的实际操作能力。

2. 学科整合的实践案例

在实践平台上，可以通过学科整合的实践案例进行深入分析。例如，对于历史学科的教师，可以通过实地考察历史文化遗迹，将传统文化融入历史教学；对于语文学科的教师，可以通过传统文学作品的教学案例，引导学生深入理解传统文化。这样的实践案例有助于将培训内容具体应用到不同学科中。

3.学生参与的实践活动

除了教师的实践，学生的参与也是实践平台的重要组成部分。通过学生参与的实践活动，例如传统文化主题的社团、文化体验活动等，可以使学生在实践中感受到传统文化的魅力。这不仅是对教师培训成果的一种检验，也有助于培养学生对传统文化的兴趣。

第五章 中华优秀传统文化教育实践与学校管理

第一节 中华优秀传统文化在学校管理中的价值体现

一、传统文化对学校管理理念的塑造

中华优秀传统文化对学校管理理念的塑造具有深远影响。这种文化强调和谐共生、尊师重道、勤勉进取等核心价值观，能够为现代学校管理提供重要的理论基础和实践指导。学校管理者应深入理解并应用这些传统文化理念，以促进学校的和谐发展。

第一，和谐共生的理念可以指导学校营造和谐校园环境。中国古代哲学中的"天人合一"思想强调人与自然、人与人之间的和谐共生，这一理念在现代学校管理中同样适用。学校应致力于营造一个和谐的环境，促进师生之间的理解与信任，构建良好的师生关系和班级氛围，从而提升整体教育质量。在实际操作中，和谐共生的理念可以通过多种方式体现。比如，学校可以组织各种集体活动，加强师生之间、学生之间的互动和沟通，培养团队精神和合作意识。此外，通过建立民主的管理机制，听取师生的意见和建议，可以使每一个成员都感受到尊重和关怀，从而增强团队的凝聚力和向心力。

第二，尊师重道的传统在学校管理中同样具有重要意义。自古以来，中国文化就强调尊敬教师、重视教育。学校管理者应借鉴这一传统，建立教师的专业权威，维护教师的职业尊严，提升教师的社会地位和职业幸福感。同时，通过制度建设和文化引导，培养学生尊师重道的意识，建设尊重知识、尊重教育的校园文化。尊师重道不仅体现在对教师的尊重和关怀上，还体现在对教育事业的重视和支持上。学校管理者应为教师创造良好的工作环境和条件，提高教师的待遇和福

利，激发教师的工作热情和积极性。此外，学校可以组织各种培训和进修活动，提高教师的专业素质和教学水平，使教师能够不断进步和发展。

第三，勤勉进取的精神可以激励师生不断追求卓越。在古代，勤学好问、精益求精的精神是学术界和社会的普遍追求。这一精神在现代学校管理中同样具有重要的指导意义。学校应通过制度设计和文化建设，鼓励师生积极进取、勇于创新，努力实现自身的最大潜能，推动学校各项事业的不断进步。勤勉进取的精神可以通过多种方式在学校管理中体现。例如，学校可以制定严格的规章制度，鼓励师生认真学习和工作，培养他们的责任感和使命感。此外，通过开展各种竞赛和评比活动，可以激发师生的竞争意识和进取精神，推动他们不断进步和发展。

二、价值观在学校管理中的应用

中华优秀传统文化中的核心价值观，如孝悌忠信、仁爱和谐、诚信正直等，在学校管理中有着广泛而深刻的应用。这些价值观不仅是文化传承的重要内容，更是学校管理实践的重要指导原则。

第一，孝悌忠信的价值观在学校管理中可以转化为对师生行为规范的引导。学校可以通过制定明确的行为规范和道德准则，鼓励学生践行孝悌忠信的价值观。在日常教育中，通过主题班会、德育课程、文化活动等形式，向学生传达孝悌忠信的内涵，引导他们形成正确的道德观念和行为规范。孝悌忠信不仅是一种道德规范，更是一种行为准则。学校管理者应通过多种形式的教育活动，使学生认识到孝悌忠信的意义和重要性，培养他们的责任感和使命感。例如，可以通过组织家长和学生共同参与的活动，增进亲子之间的沟通和理解，培养学生的孝悌之心。此外，可以通过表彰和奖励孝悌忠信的典型人物，树立榜样和模范，引导学生自觉践行这一价值观。

第二，仁爱和谐的价值观在学校管理中可以促进校园文化建设。仁爱和谐是中华优秀传统文化的重要组成部分，学校应将其融入校园文化建设之中。通过开展丰富多彩的校园文化活动，如慈善募捐、志愿服务、团建活动等，培养学生的仁爱之心和合作精神，促进学生与校园内外人士的和谐共处。仁爱和谐的价值观不仅体现在对人的关爱和尊重上，还体现在对自然和环境的爱护上。学校管理者应通过多种形式的教育活动，培养学生的环保意识和社会责任感。例如，可以通过组织环保活动、植树造林等，增强学生的环保意识和行动能力。此外，通过开展各种社会服务活动，培养学生的社会责任感和奉献精神，使他们能够关爱他人、服务社会。

第三，诚信正直的价值观在学校管理中有助于建立良好的校风校纪。诚信正直是中华优秀传统文化中备受推崇的宝贵品质，学校应将其作为教育和管理的重要内容。可以通过建立诚信档案、评选诚信学生、开展诚信教育等措施，培养学生的诚信意识，营造诚实守信的校园氛围。诚信正直不仅是一种道德规范，更是一种行为准则。学校管理者应通过多种形式的教育活动，使学生认识到诚信正直的意义和重要性，培养他们的责任感和使命感。例如，可以通过组织诚信主题班会、诚信演讲比赛等活动，增强学生的诚信意识和行为自觉。此外，通过表彰和奖励诚信正直的典型人物，树立榜样和模范，引导学生自觉践行这一价值观。

三、传统文化对教职工团队建设的促进

中华优秀传统文化在教职工团队建设中也具有重要的促进作用。传统文化中的团队精神、合作理念和领导智慧，可以为教职工团队建设提供宝贵的经验和启示。

第一，团队精神是中华优秀传统文化中的重要内容。古代文化强调集体利益和团队合作，如成语"众志成城"就体现了这种理念。在教职工团队建设中，学校管理者应大力倡导团队精神，鼓励教职工之间的合作与互助，营造和谐融洽的团队氛围，提升团队凝聚力和战斗力。团队精神不仅是一种工作态度，更是一种文化氛围。学校管理者应通过多种形式的活动，加强教职工之间的沟通和合作。例如，可以通过组织团队建设活动、团体培训等，增强教职工的团队意识和合作能力。

第二，合作理念在教职工团队建设中具有重要的指导意义。中国传统文化强调"和而不同"，即在保持多样性的基础上追求和谐共处。这一理念可以指导学校管理者在教职工团队建设中尊重个体差异，发挥每位教职工的特长和优势，通过合作实现团队的最优效能。学校管理者应在团队内部建立清晰完善的沟通机制，便于教职工之间互相支持和配合，提高整体凝聚力。

第三，领导智慧是中华优秀传统文化中丰富的管理思想的体现。古代文化中有许多关于领导智慧的经典著作，如《孙子兵法》《资治通鉴》等。在教职工团队建设中，学校管理者应学习和借鉴这些智慧，提升自身的领导能力和管理水平，通过科学的管理方法和人性化的领导艺术，激发教职工的积极性和创造力，促进团队的高效运作和持续发展。领导智慧不仅是一种管理技巧，更是一种文化

传承。学校管理者应深入学习中华优秀传统文化中的领导智慧，结合现代管理理论，形成科学高效的管理模式。例如，《孙子兵法》中的"知己知彼，百战不殆"强调了解团队成员的特点和需求，充分发挥他们的潜力；《资治通鉴》中的"以人为本"理念则强调关心和重视团队成员，增强他们的归属感和工作热情。

第二节　中华优秀传统文化教育与学校管理的挑战与机遇

一、挑战分析与解决策略

（一）学生对传统文化的接受度挑战

1. 现代社会多元文化的冲击

学生对传统文化接受度的挑战根源于现代社会多元文化的冲击。管理者需要采取渐进策略，首先通过课程设计提高课程的吸引力。借助现代科技手段，如数字化教学、在线资源等，使传统文化课程变得生动有趣。这有助于打破传统文化教学的单一形式，更好地迎合学生的学习需求。

2. 信息时代的文化碎片化

信息时代带来的文化碎片化也是学生接受传统文化的难点。解决这一挑战需要管理者组织文化体验活动，使学生能够亲身感受传统文化的独特魅力。通过实地参访、传统手工艺制作等方式，激发学生的兴趣，使他们更主动地融入传统文化的学习中。

（二）教职工思想观念转变的挑战

1. 培训与沟通机制的建立

教职工思想观念的转变需要系统地培训。管理者应建立健全的培训与沟通机制，邀请专家学者举办讲座，开设相关培训课程，深化教职工对传统文化内涵的了解。通过与教职工的充分沟通，收集他们的意见和建议，形成共识，使思想观念的调整更为顺利。

2. 定期沟通渠道的建立

建立定期的沟通渠道是帮助教职工转变观念的关键。管理者可以定期组织座谈会、交流分享会，让教职工表达他们对传统文化的看法与困惑。及时解答疑虑，引导他们逐步接受传统文化，并在教育培训中注重实际操作，提升教职工的应用水平。

（三）管理团队理念调整的挑战

1. 制订翔实的管理计划

管理团队理念的调整需要制订翔实的管理计划。管理者应在计划中明确融入传统文化的具体步骤和目标，并逐步推进。通过设立明确的目标和时间节点，确保整个调整过程有序进行，不对学校的正常运作产生负面影响。

2. 采用渐进的方式

为确保管理团队能够适应新的管理理念，采用渐进的方式是关键。从小范围的尝试开始，例如在特定班级或学科中进行试点，观察效果。根据试点的经验调整管理计划，逐步扩大影响范围。这有助于减小管理团队调整的阻力，提高适应性。

二、机遇的把握与发展路径

（一）社会对传统文化重新认识的机遇

1. 社会对传统文化的重新认识

当前社会对传统文化的重新认识为学校提供了宝贵的机遇。管理者应充分抓住这一时机，通过开设相关课程、推行文化活动等方式，深化学生、教职工对传统文化的了解与认同。这一过程需要更具深度的传统文化教育，以强化学校在传统文化传承方面的地位。

2. 引入先进的教育技术手段

为提升传统文化教育的吸引力，管理者应引入先进的教育技术手段。结合现代科技，采用数字化教学、虚拟实境技术等方式，使传统文化课程更生动、直观，激发学生的学习兴趣。通过与新技术的结合，传统文化可以更好地融入当代教育，提高学习的趣味性和互动性。

（二）推动发展的外部资源机遇

1. 政策扶持与社会关注

学校在传统文化教育方面可以充分利用与传统文化相关的政策扶持和社会关注。管理者应积极与政府进行合作，争取更多的政策支持，包括项目资助、课程设置等。同时，将学校的传统文化教育纳入社会议程，引起社会关注，形成共同的传统文化保护与传承意识。

2. 校际合作与社会资源获取

外部资源的获取是推动传统文化教育发展的关键。管理者可以通过校际合作、与文化机构建立紧密的合作关系，获取更多的社会资源。这包括人才支持、专业指导、文物展览等。通过与社会各界密切合作，学校可以更好地实现传统文化的传承和发展。

（三）社交媒体与传统文化融合的新机遇

1. 社交媒体平台的发展

社交媒体的迅速发展为学校提供了创新的传播途径。管理者应充分认识到社交媒体在传播传统文化方面的潜力，积极将传统文化融入社交媒体平台。通过在平台上开展线上文化活动、分享传统文化知识，学校可以更广泛地传播传统文化，从而吸引更多的关注。

2. 社交媒体资源的开发与利用

为充分发挥社交媒体的作用，管理者需要积极开发和利用这一资源。建立学校的社交媒体平台，定期发布与传统文化相关的内容，包括教学案例、文化活动花絮等。通过与社交媒体用户互动，形成学校与学生、家长的良好互动关系，使传统文化更好地融入学校的文化氛围中。

第三节　中华优秀传统文化教育与学校管理的策略与实践

一、教育管理策略的制定与调整

（一）传统文化融入目标的明确

1. 中华优秀传统文化在学校管理中的地位和作用

在将传统文化融入学校管理的过程中，首要任务是明确中华优秀传统文化在学校管理中的地位和作用。管理者需要认识到传统文化的丰富内涵对学校的发展具有深远的影响，能够培养学生成为具有文化认同感的公民，提升教职工的文化素养，同时构建一个具有传统价值观的校园文化。

（1）传统文化对学生培养的影响

中华优秀传统文化注重礼仪、道德、家国情怀等方面的教育，管理者应明确将这些价值观融入学生培养目标中，使学生在接受教育的同时，能够树立正确的文化认同感。

（2）传统文化对教职工素养的提升

为了更好地将传统文化融入学校管理，管理者需要制订计划，提升教职工的文化素养。这包括对传统文学、历史、哲学等领域的深入学习，以及培训计划的实施，使教职工更好地理解和传承中华优秀传统文化。

2. 教育目标的明确

明确的教育目标是传统文化融入学校管理的基础。管理者应设定明确的目标，以引领教育工作朝着中华优秀传统文化的方向发展。

（1）学生文化认同感的培养目标

设定培养学生文化认同感的目标，包括通过学科课程和特色活动，使学生深入了解传统文化的内涵，提高他们对传统文化的认同感。

（2）教职工文化素养提升目标

设定教职工文化素养提升的目标，包括在管理者的引领下，通过系统培训、学术研讨等方式，提升教职工对传统文化的理解水平，使其在学校管理中更好地传承和体现传统文化的精髓。

（二）实施计划的制订与调整

1. 切实可行的实施计划

为确保传统文化教育与学校管理的有序推进，管理者需要制订切实可行的实施计划。这一计划应包括对教育资源的优化配置、管理流程的优化与创新，以及对师生的宣传教育工作。

（1）教育资源的优化配置

确保传统文化教育有足够的教育资源支持，包括专业的教育团队、丰富的教材资源等。管理者需要合理配置这些资源，以保障传统文化教育的高质量实施。

（2）管理流程的优化与创新

传统文化融入学校管理需要对管理流程进行优化与创新。管理者应审视现有管理流程，结合传统文化特点，调整流程，确保传统文化元素能够有机地融入学校管理的方方面面，例如课程设置、学科评价等。

2. 实施计划的调整

由于实际情况的变化，管理者需要在实践中不断对实施计划进行调整。这包括根据学生、教职工的反馈意见，及时解决实践中遇到的问题，使实施计划更加贴近学校的实际情况。

（1）反馈机制的建立

建立学生、教职工的反馈机制，及时收集他们的意见和建议。通过定期的座谈会、问卷调查等方式，了解实施计划在实际操作中的效果，为调整计划提供有力的依据。

（2）问题解决的及时性

管理者需要保持对问题的高度敏感性，确保在实践中出现的问题能够及时得到解决。这需要管理者具备较强的问题解决能力，及时调整计划，保障传统文化融入学校管理的顺利进行。

（三）师生宣传教育工作的强化

1. 广泛地宣传与教育工作

为提高师生对传统文化的认知和接受度，管理者需要强化广泛的宣传与教育工作。

（1）传统文化知识培训

定期开展传统文化知识培训，邀请专业的文化传承人或学者举办讲座，以提高教职工对传统文化的理解水平。这种培训不仅可以为教职工提供系统的传统文化知识，还能够激发他们对传统文化的兴趣和热情。

（2）学生传统文化教育宣传

通过多样的文化体验活动、传统文化比赛等形式，宣传传统文化的魅力。通过这些活动，学生将更深刻地理解传统文化，并逐渐培养对传统文化的浓厚兴趣，提高他们的文化认同感。

2. 传统文化教育活动的丰富多彩

为强化师生对传统文化的认知，管理者需要在学校开展丰富多彩的传统文化教育活动。

（1）传统文化主题讲座

组织专家学者进行传统文化主题讲座，通过深入地学术解读，引导师生更全面地了解传统文化的历史渊源、核心价值观等方面的内容。

（2）庙会文化展示

定期举办庙会文化展示，通过传统的庙会形式展示中华优秀传统文化的丰富内涵。这不仅能够为师生提供实地体验的机会，还能够拉近学生与传统文化的距离，增加互动性和趣味性。

3. 增强学生对传统文化的兴趣和理解

通过传统文化教育宣传和丰富多彩的文化活动，可以增强学生对传统文化的兴趣和理解。

（1）互动式文化体验活动

组织学生参与互动式文化体验活动，如传统手工艺制作、传统舞蹈表演等，让学生能够深入感受传统文化的魅力。这有助于激发学生主动学习的热情，增强他们对传统文化的兴趣。

（2）传统文化比赛

举办传统文化比赛，包括诗词歌赋、传统乐器演奏等，鼓励学生展示自己在传统文化领域的才艺。这不仅可以培养学生的综合素养，还能够促使他们更深入地了解传统文化。

二、文化教育与学校管理的整合实践

（一）学校制度的调整

1. 传统文化教育考核机制的制定

在实现文化价值与管理目标有机统一的过程中，首要任务是调整学校制度，确保传统文化元素能够融入学校管理的各个方面。其中，制定传统文化教育考核机制是一项关键性的举措。

（1）明确考核内容

传统文化教育考核内容，涵盖学科课程、文化活动、学生表现等多个方面。这有助于形成全面的考核标准，推动传统文化在学校管理中的全面渗透。

（2）纳入学校规章制度

确保传统文化教育考核机制被纳入学校规章制度，使其成为学校管理的一部分。这有助于传统文化教育在学校内部的制度化，为其长期稳定地融入学校管理奠定基础。

2. 传统文化元素融入学校规章制度

除了考核机制，还应在学校规章制度中明确传统文化元素的融入，以确保文化教育在学校管理中的全面渗透。

（1）制定相关规定

制定相关规定，要求学校管理团队在决策和规划中充分考虑传统文化元素。例如，可以规定每学期至少举办一场传统文化活动，确保文化教育有一定的频次和深度。

(2) 传统文化教育的课程设置

将传统文化元素融入学科课程中，确保每位学生都能在学业中接触到传统文化。这需要对课程设置进行调整，将传统文化知识有机地融入各个学科中，使学生在学科学习中能够感受到传统文化的魅力。

(二) 特色活动的开展

1. 传统文化主题讲座

为促使传统文化与学校管理有机结合，特色活动的开展是至关重要的一环，而传统文化主题讲座则是其中一项重要而有效的活动。

通过邀请专业的文化传承人或学者开展讲座，学校能够为师生提供深度的传统文化解读。专家学者具有深厚的学术背景和丰富的传统文化知识，能够为学生和教职工提供系统而专业的传统文化讲解。这样的讲座不仅有助于学校管理团队深入理解中华优秀传统文化的内涵，也为整个学校师生提供了学术交流的平台，促进传统文化的深度传播。

将传统文化主题讲座与学科课程结合起来，可以使学生在课堂中直接感受到传统文化的魅力。通过在各个学科中融入传统文化元素，学校管理团队可以实现跨学科的传统文化教育，使传统文化不再局限于某一领域，而是贯穿于整个学科结构。这有助于培养学生对传统文化的兴趣，提高他们的文化认同感，并使传统文化更好地融入学生的学习生活。

通过传统文化主题讲座，学校管理团队能够巧妙地引入专业的文化传承人或学者，提供深度的传统文化解读，并通过与学科课程的结合，使传统文化真正融入学生的学习生活，实现传统文化与学校管理的有机结合。

2. 庙会文化展示

庙会文化展示作为一种丰富多彩的特色活动，通过庙会形式展示传统文化的内涵，不仅能够丰富学校文化氛围，还能够拉近学生与传统文化之间的距离。

在庙会文化展示中，可以安排学生参与传统文化手工艺制作，如传统手绘、剪纸、中国结等。通过亲身动手参与制作，学生不仅培养了动手能力，还让他们在实践中更加深刻地体验到传统文化的独特魅力。这样的活动不仅是一次手工制作，更是对传统文化的一次身临其境的感知。

此外，还可以组织学生在庙会文化展示中扮演传统角色，展示传统文化的服饰、食品、工艺等。通过身临其境地参与角色扮演，学生不仅能够更深入地理解传统文化，还能够在展示中展现出传统文化的多样性。这样的文化体验不仅是对学生的一次全方位教育，也促使他们更深入地融入传统文化的氛围中。

庙会文化展示作为特色活动，通过传统手工艺制作和角色扮演，为学生提供了丰富的传统文化体验。这种活动不仅能够加深学生对传统文化的认识，还能够使他们更好地融入传统文化的氛围中，实现学校文化与传统文化的有机结合。

（三）师生对传统文化的认同感提升

1. 定期文化活动的推动

为了整合文化教育与学校管理，提升师生对传统文化的认同感，定期的文化活动是一种极为有效的途径。这一举措旨在通过多样性和高频次的文化活动，深入推动学校管理与传统文化的融合。

首先，确保文化活动有一定的频次是至关重要的。每学期至少有一次传统文化活动可以保证师生在较短时间内持续接触传统文化元素，从而逐渐增强对传统文化的认同感。频繁的文化活动也有助于将传统文化渗透学校生活的方方面面，形成浓厚的文化氛围。

其次，文化活动的多样性是推动师生认同传统文化的关键因素。多元的活动形式包括庙会文化展示、传统文化主题讲座、传统文化比赛等，能够涵盖传统文化的多个层面。这样的多样性不仅丰富了文化活动的形式，也使师生更全面地了解传统文化的内涵，提高其对传统文化的兴趣和认同感。

通过定期的文化活动，学校管理团队能够在教学、生活等多个方面将传统文化元素有机融入，从而实现文化教育与学校管理的整合。这种方式有助于激发师生的学习热情，提高他们对传统文化的理解与认同，推动学校向着更加丰富、具有传统文化底蕴的方向发展。

2. 深入解读传统文化的引导

为深入引导师生更深刻地理解传统文化的价值，需要通过深入解读传统文化的历史渊源和核心价值观，从而激发其对传统文化的认同感，使其更好地融入学校管理与日常生活中。

一方面，通过组织专家学者进行深入解读传统文化的历史渊源，师生可以更全面地了解传统文化的起源和发展过程。专业的历史解读有助于师生认识传统文化的悠久历史，明白其在中华文明中的独特地位。了解传统文化的历史渊源有助于激发师生对传统文化的自豪感，使其更加愿意将传统文化融入学校管理与日常生活中。

另一方面，需要传达并阐释传统文化的核心价值观，例如儒家的仁爱、道家的和谐、佛家的慈悲。这一过程不仅是简单地传授知识，更是引导师生理解这些价值观在传统文化中的深刻内涵。通过深入解读核心价值观，可以使师生更好地理解传统文化所倡导的人文精神，引导其在学校管理中更好地践行传统文化的精神。

深入解读传统文化的历史渊源和核心价值观，可以在认知和情感层面上引导师生更深刻地理解传统文化的价值。这不仅有助于形成对传统文化的深刻认同感，还能够促使传统文化更好地融入学校管理与师生的日常生活中。

三、学校管理与家校合作的协同发展

（一）建立家校合作机制

1. 明确合作计划的制订

协同发展的核心在于建立家校合作机制，而制订明确的合作计划是确保这一机制有序推进、实现学校管理与家庭教育良性互动的关键步骤。在合作计划的制订中，管理者应当关注传统文化教育的目标、内容，以及实施方法等方面的细节，以确保整个合作计划的有效性和可行性。

首先，合作计划需要设定明确的传统文化教育目标。这意味着在计划中应明确学校希望通过合作达到的效果，包括但不限于学生对传统文化的了解程度、家长在传统文化教育中的参与度等方面的目标。这有助于为合作的各方明确期望，形成共同奋斗的共识基础。

其次，传统文化教育内容的细化是合作计划中不可或缺的一部分。具体而微地细化传统文化教育内容，包括制定具体的教学内容、活动安排、家庭参与方式等，有助于确保合作计划的可行性。这样的详细规划可以使学校管理与家庭教育更加有效地结合，为合作提供清晰的方向和路径。

制订明确的合作计划是实现学校管理与家庭教育协同发展的基础性工作。通过设定明确的传统文化教育目标和细化内容，合作计划有望在推进中取得更为明显和积极的效果，实现学校与家庭在传统文化教育中的良性互动。

2. 定期家长会的举办

建立家校合作机制的一个关键环节是通过定期举办家长会等形式，加强学校与家庭之间的沟通。家长会不仅是传递信息的平台，更是促进家校合作的有效途径，通过直接的交流，形成共同理念，促进学校管理与家庭教育之间的协同发展。

在家长会上,传统文化教育的内容可以得到详细介绍。通过向家长们展示学校管理团队对于传统文化的教育理念与计划,可以使家长充分了解学校的努力和期望。通过直接的沟通渠道,管理者可以解释传统文化的教育价值,强调其对学生全面发展的积极作用,从而激发家长的参与热情,使其更好地支持学校的传统文化教育工作。

此外,在家长会上,管理者还应该主动听取家长的建议与意见。通过开放性的互动环节,收集家长们的反馈,了解他们对传统文化教育的期望与担忧,形成共识。这有助于调整合作计划,使其更符合家庭的实际需求,推动协同发展的深入实践。借助家长会这一平台,学校管理可以更灵活地调整教育方案,更好地迎合家庭的期望,实现学校管理与家庭教育的有机结合。

通过定期家长会的举办,学校管理可以在传统文化教育中与家庭建立更加紧密的合作机制。这种直接的沟通方式不仅有助于传递信息,更为促进学校与家庭之间的共识与协同发展提供了有力的支持。

(二)亲子活动与家庭教育

1. 组织传统文化工作坊

组织传统文化工作坊作为促进学校管理与家庭教育协同发展的创新方式,具有重要的教育意义。其中,传统文化手工艺制作是工作坊的一个关键组成部分。通过此类活动,孩子和家长可以共同参与,亲身体验传统文化的独特魅力。通过亲子互动,家长将更深刻地了解传统文化的内涵,而这种亲子关系的加强对于家庭教育和学校管理具有积极的影响。手工艺制作既是对传统文化技艺的传承,也是亲子互动的有效媒介,有助于形成和谐的家庭氛围。

在传统文化工作坊中,另一项重要的活动是专业讲师的讲解与互动分享。通过邀请专业讲师进行传统文化的深度讲解,可以为家长和孩子提供更系统、更专业的学习体验。此外,鼓励家庭在工作坊中分享各自在传统文化方面的体验,不仅可以促进彼此之间的交流和理解,也有助于形成学校与家庭共同育人的局面。这样的互动不仅在知识传递上有所裨益,更在价值观念的形成上具有积极的作用。

2. 家庭参观日的推动

推动家庭参观日,尤其是通过家庭参观传统文化场馆,是协同发展中一种有效的方式。在这一过程中,选择适当的传统文化场馆是关键的。博物馆、文化古迹等地都是理想的选择，因为它们承载着深厚的历史文化内涵，能够让家庭成员亲身感受传统文化的魅力。这有助于家长和孩子在实地体验中深入了解传统文化，形成更加直观、深刻的认识。

　　为了确保家庭参观日的有效性，学校管理团队应积极参与与陪同。管理团队的参与不仅可以提供专业性的解说和指导，还能在参观结束后促成讨论与交流。通过与家庭一同体验传统文化，管理团队与家庭成员可以更好地达成共识，形成协同发展的共同理念。这种亲近的互动将有助于加深家长对学校文化教育工作的理解，增进信任，同时能更好地引导家庭在孩子教育方面形成一致的价值观。

　　在家庭参观日中，管理团队可以通过组织小组讨论、提供参观手册等方式，引导家庭成员深度思考传统文化对于个体和社会的重要性。这种互动过程不仅能够加深对传统文化的理解，还能在家庭层面培养更加积极的文化认同感，促使家长更加主动地参与学校文化教育的工作。这样的参观日活动既是学校管理与家庭合作的具体实践，也为传统文化的传承与发展提供了有力的支持。

第六章　大中小学中华优秀传统文化教育与家庭教育

第一节　中华优秀传统文化教育对家庭教育的影响

一、家庭教育的重要性与挑战

（一）家庭教育在个体成长中的关键作用

1. 个体品格的塑造

家庭是孩子最初接触社会的地方，承担着塑造个体品格的使命。家庭教育通过父母的榜样行为、家庭氛围的营造，对孩子的性格、情感、意志力等方面产生深远的影响。

2. 价值观念的培养

家庭教育是孩子接触并理解价值观念的首要途径。父母通过言传身教，传递并树立起孩子对道德、人生目标等方面的核心价值观，影响着他们未来的选择和决策。

3. 社会行为的引导

在家庭中，孩子学会了与他人沟通、合作、分享等社会行为。这些行为习惯在家庭教育中培养，对孩子在日后的社会交往中起到重要的引导作用。

（二）现代社会中家庭教育面临的挑战

1. 社会结构变迁的影响

随着社会的不断变迁，家庭结构发生了较大的变化，如单亲家庭、核心家庭等形式增多。这使家庭教育面临更多样化的情境，父母需要适应新的家庭结构，以便更灵活地开展教育工作。

2. 信息爆炸对家庭教育的冲击

信息社会带来的信息爆炸，让家庭教育面临着新的挑战。父母需要有效管理孩子接触的信息，防范网络对孩子的负面影响，同时提供合适的信息资源，促进其全面发展。

3. 工作压力与时间不足的问题

现代社会的竞争压力导致父母往往面临繁重的工作任务，时间不足成为影响家庭教育的主要因素。缺乏足够的陪伴时间可能影响父母与孩子之间的沟通，使家庭教育难以发挥最佳作用。

二、传统文化对家庭教育的积极影响

（一）家庭伦理的强调

1. 亲情的重要性

传统文化强调亲情的重要性，提倡家庭成员之间的亲密关系。这对家庭教育来说意味着需要在培养孩子的过程中注重亲子关系的建设，通过亲情的传递，使孩子在温暖的家庭氛围中茁壮成长。

2. 孝道与尊敬

家庭伦理中的孝道和尊敬是传统文化中的核心价值。通过教育孩子尊敬父母、长辈，强调孝道，家庭教育能够在培养孩子的道德观念和人际关系中发挥积极作用。

3. 传统礼仪的传承

传统文化中注重礼仪，尊重长辈、尊师重道是其中的一部分。将这些传统礼仪引入家庭教育，培养孩子良好的行为习惯和社交技能，有助于他们更好地融入社会。

（二）传统文化中的孝道思想

1. 孝道的核心

孝道是儒家思想的核心之一，倡导子女对父母的尊敬和关爱。将孝道纳入家庭教育中，有助于培养孩子对家庭的责任感，使他们在成长中更注重家庭关系的维护。

2. 责任感的培养

孝道思想注重子女对父母的责任，培养孩子对家庭的责任感和使命感。这有助于孩子在成年后更好地履行社会责任，成为有担当的社会成员。

3.情感纽带的加强

孝道强调亲情的纽带，通过孝顺父母，家庭成员之间的感情更加紧密。这对于家庭教育来说是一种积极的社会支持，有助于孩子形成良好的情感态度。

三、家庭教育中的文化元素的引入与应用

（一）家庭活动中的传统文化元素

1.共同参与传统手工艺制作

通过家庭手工艺制作，如中国结、传统手绘等，家庭成员可以共同参与，使孩子在亲子活动中亲身体验传统文化的魅力。这种参与不仅培养了孩子的动手能力，还让他们在轻松的氛围中感受到传统文化的趣味性。

2.传统节日的庆祝

在传统节日中，家庭可以组织庆祝活动，如合家欢聚的春节晚会、重阳登高等传统习俗。通过庆祝传统节日，孩子能够更深刻地理解传统文化，同时在欢快的氛围中建立对传统文化的积极认同感。

（二）传统文化在家庭教育的实践和传承

1.传承家训和故事

将中华优秀传统文化的家训、寓言故事等融入日常家庭教育中。通过这些故事，父母能够向孩子传达中华优秀传统文化的道德观念，引导他们形成正确的人生观和价值观。

2.传统技艺的传授

在家庭教育中，父母可以传授传统技艺，如书法、绘画、传统乐器等。通过亲身实践传统技艺，孩子能够更好地理解和尊重传统文化，同时培养他们的审美情趣。

3.文化体验活动的组织

家庭可以组织文化体验活动，如参观博物馆、古迹、传统文化展览等。这样的活动可以让孩子在实践中感受到传统文化的博大精深，激发他们对传统文化的兴趣。

第二节　家庭教育与学校中华优秀传统文化教育的衔接

一、学校与家庭教育的互动机制

（一）定期召开家长会与搭建沟通平台

1. 家长会的定期召开

学校应定期召开家长会，为家长提供了解学校传统文化教育计划的机会。家长会不仅是传递信息的平台，更是促进家校合作的有效途径。

2. 沟通平台的建设

学校可搭建在线沟通平台，方便家长随时了解学校的传统文化教育动态。通过这样的平台，家长可以提出问题、反馈意见，实现信息双向流通。

3. 家长需求调查

在家长会中，可以开展有针对性的调查，了解家长对传统文化教育的期望与需求。这有助于学校更加精准地制订教育计划，满足家庭的特殊需求。

（二）家庭参与日的开展

1. 亲身体验传统文化教育活动

定期举办家庭参与日，让家长有机会亲身参与学校中的传统文化教育活动。家长可以和孩子一同体验传统手工艺制作、参与传统文化展览等，从而更好地理解学校的文化传承理念。

2. 家庭参与日的主题设置

每次家庭参与日可以设立不同的主题，涵盖传统节日、文学经典、历史人物等多个方面。这样的设置有助于激发家长的兴趣，提高他们对传统文化教育的关注度。

（三）提供家庭教育支持资源

1. 建设在线资源平台

学校可建设专门的在线资源平台，包括传统文化教育指南、在线课程、教育游戏等。这样的平台为家长提供了方便快捷的学习途径，使他们更好地引导孩子进行传统文化学习。

2. 定期开展传统文化讲座

学校可邀请专业人士定期开展传统文化讲座，让家长在学校中获取专业知识。这不仅提升了家长对传统文化的了解水平，也使他们能更好地引导孩子学习传统文化。

二、家校共育的案例分析

通过深入分析一些成功的家校共育案例，可以总结出一些有效的衔接方式，具体如下。

（一）亲子共读活动

1. 活动背景

亲子共读活动的开展背景在于认识到家庭在传承中华传统文学方面的重要性。家庭是儿童最初接触文学的地方，通过亲子共读，旨在培养孩子对传统文学的兴趣，增进家庭成员之间的文化共鸣。

2. 活动过程

在亲子共读活动的具体过程中，学校需要认真策划，以确保活动的顺利进行和取得良好效果。首先，在活动策划中，学校应在选定的时间内邀请家庭成员一同参与亲子共读。这个时间的选择应该考虑到家长和孩子的可参与性，以确保最大限度的参与度。这可以在周末或晚间等大多数家庭成员有空的时间段进行。

为了确保活动的多样性，学校还应提供丰富的中华传统文学书籍，包括经典诗词、古典小说等。这样的书籍提供了多元选择，使家长和孩子可以根据自己的兴趣和阅读水平进行选择，从而更好地满足不同家庭的需求。

为了提升亲子共读的效果，活动中需要配备专业人士进行亲子共读引导。这些专业人士可以是文学专家、教育专家或有相关经验的老师。他们的任务不仅包括解读文学经典，还需要引导家长与孩子深入探讨作品的内涵，促进对文学的更深层次理解。通过专业引导，亲子共读活动不仅是简单的阅读，更成为一个文学学习和亲子互动的平台。

这一系列的活动过程设计旨在在亲子共读中创造丰富的体验，使家庭成员能够在轻松和愉快的氛围中深入参与中华传统文学的学习。通过提供合适的时间、多样的书籍选择和专业的引导，学校为家庭提供了一个有效的文化共育平台，促进了亲子关系的增进和对传统文学的更深层次理解。这样的活动设计有望为学校与家庭的紧密合作提供有益的范例，为中华优秀传统文化的传承注入新的活力。

3. 活动效果

亲子共读活动在实施中取得了显著的效果，主要表现在以下几个方面：

第一，亲子共读活动成功加强了家庭关系。通过共同阅读文学经典，家长和孩子之间建立了一种共同的情感纽带。家庭成员在这一共育活动中共同参与，共同分享阅读的快乐，不仅增进了相互间的理解和沟通，还有助于形成和谐的家庭氛围。这种加强的家庭关系有助于孩子在温馨的环境中更好地成长和学习。

第二，亲子共读活动培养了家庭成员对传统文学的浓厚兴趣。通过专业人士的引导，家庭成员更深刻地理解了文学作品，培养了对传统文学的浓厚兴趣。这对孩子在成长过程中形成独立的文学品位具有积极意义。培养对传统文学的兴趣不仅有助于孩子更全面地了解中华优秀传统文化，还为其未来的学习和生活奠定了坚实的文学基础。

第三，学校设立的持续优化的反馈机制起到了积极的作用。通过收集家庭的意见和建议，学校能够及时地了解亲子共读活动的效果和不足之处。这种反馈机制的建立不仅促使学校根据家庭的需求调整活动形式，提高亲子共读的质量，同时也构建了学校与家庭之间的双向沟通桥梁。这有助于推动文化共育的深入发展，使亲子共读活动不仅是一次单纯的阅读活动，更成为学校与家庭合作的重要载体。

亲子共读活动取得了显著的效果，不仅在家庭关系的加强方面取得成功，还在培养家庭成员对传统文学的兴趣和建立持续优化的反馈机制等方面发挥了重要作用。这种成功的活动形式为学校与家庭之间的文化共育合作提供了有益的经验，为传统文学的传承注入了新的活力。

（二）家庭手工艺制作比赛

1. 比赛背景

学校通过家庭手工艺制作比赛，致力于让家庭成员通过亲自动手，感受和传承中华传统手工艺，达到促进文化共育的目的。

2. 比赛过程

在家庭手工艺制作比赛的策划和实施中，学校采取了一系列措施，确保活动的多样性和有效性。首先，学校发布了比赛通知，邀请家庭成员积极参与手工艺制作。通过这一过程，学校向家庭传达了对中华传统手工艺的重视，并激发了家庭成员的参与热情。

为了保障比赛的质量，学校在比赛过程中提供了传统手工艺制作所需的相关材料和教学指导。这有助于家庭成员更好地学习和理解中华传统手工艺的技艺，使比赛不仅是一场竞赛，更是一次传统文化技艺的传承过程。

为了评选出色的家庭，学校设置了专业的评审团队。评审团队对参赛作品进行评选，注重对传统手工艺的工艺水平、创意性以及文化内涵的综合考量。通过专业评审，比赛结果更具有公正性和权威性，有助于鼓励家庭更加用心地参与传统手工艺的制作。

3. 比赛效果

通过家庭手工艺制作比赛，家庭成员得以通过亲自动手参与制作，更深入地了解传统文化的艺术魅力。参赛作品不仅是制作手工艺品，更是家庭对传统文化的一种表达和理解。这种参与式的学习方式有助于加深家庭对传统文化的认知，使传统文化不再是一种抽象的概念，而是变得具体而生动。

此外，比赛作品展示了家庭的团结与创造力。家庭成员在制作手工艺品的过程中共同努力，体现了家庭的凝聚力和合作精神。这有助于促进亲子关系的进一步加强，营造了积极向上的家庭氛围。

最重要的是，比赛成功地营造了浓厚的文化氛围。通过这一比赛，家庭成员积极参与到学校的传统文化教育中，实现了共育目标。比赛不仅是一种竞赛，更是一种文化的交流和传承，为学校与家庭之间的文化共育提供了有益的实践经验。

三、家庭教育与学校教育的协同发展

家庭教育与学校教育的协同发展对于学生全面素养的培养至关重要。为了实现这一目标，学校与家庭需要建立更为紧密的合作机制。

（一）家长参与学校文化活动策划

1. 家长委员会的设立

学校在致力于促进学生中华优秀传统文化教育的同时，通过设立家长委员会这一机制，加强了学校与家庭之间的联系，以更好地实现中华优秀传统文化共育的目标。家长委员会的设立为学校提供了一个平台，让家长代表能够积极参与学校文化活动的策划与组织，从而更深刻地了解家庭的实际需求。

家长委员会的设立首先体现了学校对于家庭参与的重视。通过选举或提名产生的家长代表，能够在委员会中充当桥梁的角色，将学校的文化活动与家庭需求更为紧密地结合起来。这有助于确保学校文化活动的策划更贴近家庭生活，更好地服务于学生的文化教育。

家长委员会的机制为学校提供了更灵活的文化活动策划与组织方式。家长代表因身处家庭环境，更能够理解家庭的特殊需求和期望。他们可以通过与其他家长的交流、调研家庭需求等方式，为学校提供宝贵的参考意见，确保文化活动的设计更具针对性和实效性。

此外，家长委员会的设立还能够增进学校与家庭之间的信任和合作。通过积极参与文化活动的策划，家长代表能够更直观地感受到学校的用心，形成家校合力，共同致力于学生对中华优秀传统文化的传承和发展。这种互动关系不仅有助于解决文化活动中可能出现的问题，还能够促进学校与家庭之间更为深入的合作。

2. 家庭需求调研与反馈

为了更好地满足家庭的实际需求，学校可以定期进行家庭需求调研，通过定期问卷、座谈会等形式深入了解家长对于中华优秀传统文化教育的期望和反馈。这一调研机制不仅有助于学校更精准地制订文化活动计划，还能够提高家长参与的积极性，促进家校之间更紧密地合作。

首先，通过定期的问卷调查，学校可以全面了解家庭对于中华优秀传统文化教育的关注点、需求和期望。问卷设计可以涵盖家庭背景、家长对传统文化的认知程度、对学校文化活动的评价等多个方面，以获取更全面的信息。通过科学、系统的调研手段，学校能够深刻洞察家庭的文化教育需求，为后续的活动策划提供有力的参考依据。

其次，通过座谈会形式，学校能够直接与家长进行深入沟通，了解他们对于传统文化教育的独特见解和期望。座谈会为家长提供了表达意见和建议的平台，使他们更直观地感受到学校对于他们意见和建议的重视。这种直接的沟通方式有助于建立更为密切的家校关系，增强合作共育的信任基础。

家庭需求调研不仅能够帮助学校更好地理解家庭的期望，还有助于提升学校活动的实际效果。通过根据调研结果调整文化活动的内容和形式，学校可以更贴近家庭的实际需求，推动中华优秀传统文化在学校与家庭共同努力下的更好传承。这种基于家庭需求的定期调研机制将为学校文化共育提供可持续的动力，形成更为良性的互动模式。

（二）学校提供传统文化教育支持

1. 讲座与研讨会

学校为促进中华优秀传统文化的深入传承，可以定期举办传统文化讲座和研讨会，邀请专家学者进行深入解读。这一活动形式不仅为家庭成员提供了深度的传统文化知识，还有助于提升其文化素养，促使中华优秀传统文化在学校与家庭中得到更好地传播与理解。

通过定期举办传统文化讲座，学校能够为家庭成员提供深度的传统文化解读。邀请专业的文化传承人或学者举办讲座，使家庭成员有机会深入了解中华优秀传统文化的历史渊源、经典著作、艺术形式等方面的知识。专家学者的深入解读将使家庭成员对传统文化有更系统、更全面的认知，激发他们对传统文化的浓厚兴趣。

通过定期举办传统文化研讨会，学校能够促进家庭成员之间的学术交流与合作。研讨会的形式可以包括学术报告、小组讨论、问题解答等，为家庭成员提供一个共同学习、共同进步的平台。家庭成员在研讨会中可以分享个人对传统文化的理解，学习他人的经验，从而形成更为丰富的文化共育氛围。

通过传统文化讲座和研讨会，学校不仅促使家庭成员更全面地了解中华优秀传统文化，还为他们提供了学术交流的机会。这种形式的文化活动有助于构建学校与家庭之间更为紧密的文化合作关系，推动中华优秀传统文化在学校与家庭中的深入传播。这种学术交流模式不仅满足了家庭对于传统文化知识的需求，也为学校的文化传承工作提供了重要支持。

2. 在线资源提供

为了更好地支持家庭进行中华优秀传统文化教育，学校可以借助现代科技手段，建立在线资源平台，为家庭成员提供丰富的学习材料和课程视频。这一举措不仅为家庭提供了更便捷的学习途径，也在促进学校与家庭之间的教育互动方面发挥着积极作用。

首先，学校建立在线资源平台可以为家庭成员提供多样化的学习材料。这包括传统文学作品的电子版、文化经典的解读视频、历史故事的动画演绎等。这些资源能够满足不同年龄层次、不同学科需求的家庭成员，使他们能够在自己的兴趣和学习节奏下深入学习中华优秀传统文化。

其次，提供在线课程视频有助于家庭成员在自由时间内进行学习。这些课程可以涵盖中华优秀传统文化的方方面面，例如中国历史、传统艺术、哲学思想等。家庭成员可以根据自身兴趣和需求选择学习内容，实现自主学习的目标。通过在线课程，学校为家庭提供了更为灵活的学习时机，有助于推动传统文化的深入传承。

同时，在线资源平台的建立为学校与家庭之间的教育互动搭建了桥梁。学校可以通过平台了解家庭成员的学习进度和需求，为其提供个性化的学习建议。家庭成员也可以通过平台参与学校组织的在线活动、讨论等，促进学校与家庭在传统文化教育方面的共育合作。

通过建立在线资源平台，学校为家庭提供了更为便捷和灵活的学习途径，有效促进了中华优秀传统文化在学校与家庭之间的互动与传承。这一措施既符合现代社会信息化的趋势，也为传统文化的普及和传播提供了新的可能。

第三节　中华优秀传统文化教育与家庭教育共育模式

一、共育模式的定义与要素

（一）共育模式的概念

共育模式是一种新兴的教育范式，其核心理念在于学校与家庭之间建立起密切的合作关系，共同致力于推动学生的全面发展。这一模式的实施不仅关注传统文化教育在学校的传授，更侧重于将传统文化的深入传承融入学生的日常生活中，构建起一个紧密互动的教育生态模式。

在共育模式中，学校、家庭和社会三者形成一种紧密的协同合作关系，共同承担培养学生的责任。学校在这一过程中不仅是传统意义上的知识传授者，更成为学生全面成长的引领者。学校通过制定有针对性的教育方案，结合学科知识与传统文化内涵，致力于培养学生的创新思维、批判性思考能力以及社交技能。同时，学校还扮演着引导家庭融入共育过程的角色，并为其提供专业的指导和支持。

家庭在共育模式中被视为传统文化传承的主要场所。家长作为学生的第一任教师，承担着将传统文化薪火相传的责任。共育模式倡导家庭融入学校的教育活动，积极参与学生学业和生活的方方面面。通过家庭传统文化活动、亲子互动，培养学生对传统文化的理解与热爱，形成学校与家庭共同为学生提供教育资源的局面。

社会是共育模式中不可或缺的一部分。学校与家庭需要积极与社会资源对接，引入社会力量参与学生的培养。社会可以为学校提供专业的外部资源，如传统文化专家的讲座、实地考察等，丰富学生的学习体验。同时，社会也是学生实践和应用传统文化知识的重要场景，为学生提供更广阔的发展平台。

共育模式的实施旨在打破传统的学校与家庭之间的界限，构建一个有机整合的教育生态。在这一生态中，学生不仅是课堂上的学习者，更是社会成员，通过全方位的教育，培养学生的创造性思维、合作能力以及对传统文化的深刻理解。通过共育模式，我们有望实现学生在传统文化教育中的全面发展，为构建具有时代特色的教育体系贡献新的经验和实践。

（二）共育模式的要素

在中华优秀传统文化教育的共育模式中，要素主要包括学校、家庭和社会。

1. 学校

学校作为传统文化教育的主要承担者，在整个共育模式中扮演着重要的角色。其使命不仅是传授学科知识，更是培养学生全面发展所需的综合素养。通过多种形式的传统文化教育，学校致力于引导学生深入了解中华优秀传统文化，使其在学习知识的同时获得文化传承与认同的体验。

学校通过精心设计传统文化课程，将传统文化的核心价值融入日常教学之中。这些课程旨在通过系统而深入的学习，使学生对中华优秀传统文化的历史渊源、精神内涵有更为全面和深刻的理解。同时，学校倡导跨学科的教学方式，通过融合传统文化元素于数学、科学、语言等学科中，使学生在学科知识学习中体验传统文化的渗透。

除了传统文化课程，学校还通过主题活动等形式，为学生提供更为丰富的传统文化体验。例如，举办传统文化节、文化沙龙、艺术展览等活动，让学生亲身参与其中，感受传统文化的魅力。这些活动不仅是知识的传递，更是情感与体验的传递，通过亲身参与，使学生能够更加深刻地理解和感受传统文化的独特之处。

学校在传统文化教育中注重培养学生的批判性思维和创造性思维。通过鼓励学生进行传统文化的独立思考和创新实践，学校致力于培养学生的创新能力。例如，开展传统文化创意设计比赛、论文发表等活动，激发学生对传统文化的主动探索和深入思考。

在共育模式中，学校还肩负起引导家庭参与共育的责任。通过定期与家长交流，传达传统文化教育的目标和重要性，促使家长在家庭中积极参与传统文化的传承。学校与家庭的协同努力，形成一体化的传统文化教育模式，为学生提供更加全面的学习环境。

2. 家庭

家庭作为传统文化的传承者在共育模式中扮演着不可或缺的角色。家庭不仅是学生情感的温床，更是传统文化在个体生活中融入的首要场所。家长在这一模式中承担了将学校传递的文化知识融入日常生活中的责任，通过各种家庭活动、故事传承等方式，使传统文化真正成为家庭教育的一部分。

在共育模式下，家庭是学生最早接触传统文化的地方。家长通过生活中的点滴细节，将传统文化的精髓融入日常教育中。通过教导孩子参与传统文化活动，如书法、绘画、传统手工艺等，培养孩子对传统文化的浓厚兴趣。同时，通过家庭活动，如传统文化主题的家庭聚餐、文化节日等，强化学生对传统文化的认同感和归属感。

家庭在共育模式中还担负着激发学生创造性思维和批判性思维的任务。通过与孩子共同探讨传统文化中的经典著作、历史故事等，引导学生形成独立思考和批判性思维的习惯。家庭也可通过引导学生参与文化研究、实地考察等方式，激发学生对传统文化的深度思考和创新实践。

家庭在共育模式中的作用不仅是传统文化知识的传递，更是情感与价值观的传递。通过亲身实践和言传身教，家长成为学生情感态度养成的重要引导者。借助情感教育，家庭培养学生对传统文化的热爱和尊重，使之不仅是知识的接受者，更是情感的传承者。

共育模式下，家庭与学校形成了有机的合作关系。学校提供专业的传统文化知识，而家庭通过实际生活情境将这些知识内化于孩子的成长过程。家校互动成为传统文化教育的桥梁，促使学生在学校和家庭之间形成一个连贯而丰富的学习环境。

3. 社会

社会在共育模式中扮演着关键的角色，既是学校和家庭互动的背景，又是提供丰富文化环境的重要场所。作为一个广阔的文化领域，社会通过文化机构、传统庆典等方式，为学校和家庭提供了合作交流的平台，促进共育模式的全面展开。

文化机构在社会中起到了弘扬和传播传统文化的关键作用。博物馆、图书馆、文化艺术机构等文化机构丰富了传统文化的展示形式，为学校提供了宝贵的教学资源。通过与这些机构的合作，学校得以引入更为专业和系统的传统文化资源，丰富学生的学习体验。社会文化机构的积极参与也推动了传统文化的创新与发展，为共育模式注入了新的动力。

传统庆典是社会文化中不可或缺的一部分，通过举办传统庆典，社会为学校和家庭提供了实践传统文化的场所。例如，春节、端午节等传统庆典成为学校与家庭共同参与的重要时刻。学校可以通过组织庆典活动，让学生深度体验传统文化的习俗，促进学生对传统文化的理解与认同。同时，家庭可以借助这些庆典，通过家庭活动传承传统文化，使之根植在孩子心中。

社会中的文化交流平台也为学校与家庭提供了更为广泛的资源。通过参与文化交流活动，学校与家庭得以共享社会上丰富的传统文化资源。学校可以邀请社会专业人士举办讲座、工作坊等，为学生提供更为深入的传统文化学习体验。而家庭则可以通过社会文化交流，获取更广泛的传统文化信息，拓展家庭文化传承的广度与深度。

社会在共育模式中的角色还体现在对学生实践的支持上。社会提供了丰富的实践场景，如历史名胜古迹、传统手工艺工作坊等，为学生提供了更为具体的传统文化实践机会。学生通过在社会中的实际参与，不仅能够加深对传统文化的认识，还能培养实践能力和团队协作精神。

这三者之间的密切合作构成了共育模式的基本要素。学校提供知识和指导，家庭提供实践和情感支持，社会提供丰富的文化环境。

二、中华优秀传统文化在共育模式中的角色

（一）学校的引导作用

在共育模式中，学校是中华优秀传统文化教育的主要阵地。学校通过各类传统文化主题活动、讲座等形式，引导学生深入了解传统文化的内涵。通过有计划的课程设置和创新性的教学方法，学校致力于激发学生对传统文化的浓厚兴趣，从而培养其深厚的文化素养。

通过精心设计的传统文化主题活动，学校为学生提供了深入接触和理解传统文化的机会。这些活动包括但不限于传统文学作品的朗诵比赛、经典戏曲表演、传统节日庆祝等。通过参与这些活动，学生能够亲身感受中华优秀传统文化的艺术魅力，激发对传统文化的浓厚兴趣。

在传统文化课程的设置上，学校进行了创新，使学生在正式学习中深度接触传统文化。通过设置专门的传统文化课程，如中国古代文学、传统绘画等，学校为学生提供系统的传统文化知识体系。采用多样的教学方法，如小组讨论、实地考察等，使学生更全面、深入地理解传统文化。

（二）家庭的传承责任

在共育模式中，家庭是中华优秀传统文化的传承者，承担着重要的责任。家庭的参与和传承不仅是对学校教育的补充，更是孩子全面发展中不可或缺的一环。家长需要将学校传授的传统文化知识融入日常生活中，通过家庭的亲身实践，使传统文化成为家庭教育的一部分。

首先，家庭可以在日常生活中融入传统文化元素。例如，在家庭聚餐时，家长可以讲述传统文化故事，解释其中蕴含的价值观念。通过这种方式，孩子在家庭氛围中感受到传统文化的温暖，形成对传统文化价值的认同。

其次，家庭成员可以一同参与传统手工艺制作等活动。通过亲自动手，家庭成员更深入地了解传统文化的艺术魅力。例如，一家人一起制作传统手工艺品，这不仅增进了亲子关系，还培养了孩子的动手能力和审美观。

通过学校的引导和家庭的传承，中华优秀传统文化在共育模式中发挥着积极的作用。学校提供了丰富的传统文化学习资源和引导，而家庭则通过亲身实践，使传统文化真正融入孩子的生活。这种有机的结合，为学生的全面成长提供了更为丰富的文化滋养。

三、共育模式的效果评估与展望

（一）多维度评估学生发展

1.传统学业成绩评估

在共育模式中，学业成绩评估仍然是对学生学习成果进行全面评价的一个至关重要的指标。尽管传统的考试成绩仍占主导地位，但共育模式提倡多元评价，通过不同形式的评估方式来更全面地了解学生在中华优秀传统文化学科中的掌握情况。

传统学业成绩评估的核心仍包括学生在传统文化学科中的考试成绩。这种形式的评估能够客观地反映学生对于中华优秀传统文化知识的掌握程度。然而，在共育模式中，考试评估并非唯一的标准，学校也应采用更为灵活的评估方式，以更好地反映学生的全面发展。

项目作业成为传统学业成绩评估的重要补充。通过设计有针对性的项目作业，学校可以促使学生将传统文化知识运用于实际情境中，检验其综合应用能力。这种形式的评估有助于培养学生对传统文化的实际理解和运用能力，使他们能够更好地将知识转化为实际技能。

实践表现也是共育模式中学业成绩评估的重要组成部分。通过参与传统文化实践活动，如文化体验、传统手工艺制作等，学生能够在实践中深度体验传统文化的魅力。对于这类实践活动的评估应当考虑学生的参与程度、创新性和团队协作等方面，使学生在实际操作中全面发展。

除此之外，口头表达与写作能力的评估也应列入学业成绩的考量范畴。传统文化注重言传身教，通过学生的口头表达和写作，可以更好地了解其对传统文化的理解和思考。这种形式的评估有助于培养学生的批判性思维和表达能力，提高其综合素养。

在传统学业成绩评估中，学校还应关注学生在传统文化学科中的参与度和兴趣度。通过定期的学科活动、讨论课等方式，了解学生对传统文化学科的兴趣程度，以便更好地调整教学内容和方法。

2.综合素养评估

在共育模式中，学生综合素养的培养成为教育的重要目标，其中包括批判性思维、创造力、团队协作等多方面的能力。为了更全面地评估学生的综合素养发展，教育机构采用了一系列创新的评估方式，着眼于学生在这些方面的具体表现，以案例分析和小组项目评估等方式进行综合素养的量化评估。

首先，共育模式注重培养学生的批判性思维。评估学生的批判性思维不再依赖传统的单一的考试形式，而是更注重学生在实际问题解决中的表现。通过案例分析，学生被引导思考问题的多面性，分析不同方案的优劣，并提出合理的解决方案。这种形式的评估使学生能够在解决实际问题中培养批判性思维，促使他们更好地理解和应用传统文化知识。

其次，创造力成为综合素养评估的重要组成部分。传统学科评估通常侧重于学生对既定知识的掌握，而共育模式中，对学生创造性思维的评价更为关键。通过小组项目评估，学生被鼓励在传统文化教育中展现创造性。例如，他们可以参与文化创意设计、传统文化表演等小组项目，展示对传统文化的独特理解和创新性表达。这种综合素养评估方式有助于激发学生的创造力，培养其在传统文化领域的创新潜力。

最后，团队协作能力也是综合素养评估的重要方面。共育模式倡导学校、家庭和社会的协同合作，因此学生的团队协作能力被赋予更大的价值。通过小组项目评估，学生需要在团队中协作完成任务，这有助于培养他们的沟通、协调和领导等团队协作能力。这种评估方式使学生在传统文化教育中不仅是个体学习者，更是团队合作者，进一步促进其全面素养的发展。

最后，综合素养评估还注重学生的自我认知和反思能力。通过引导学生参与自我评价、小组成员互评等方式，促使他们对自己的综合素养有更深入的认识。这种反思性的评估有助于学生更好地发现自身在批判性思维、创造力和团队协作等方面的潜在优势和改进空间。

3.情感态度评估

情感态度评估在共育模式下的传统文化教育中具有重要意义。传统文化教育旨在培养学生对中华优秀传统文化价值观的认同与理解，因此，评估学生的情感态度变化成为关键任务。为了更深入地了解学生对中华优秀传统文化的情感投入程度，教育机构采用了情感调查问卷、心理测量工具等手段，以全面评估学生在情感态度方面的发展。

情感调查问卷是一种常见的评估工具，通过设计有针对性的问题，可以收集学生对中华优秀传统文化的情感体验、态度变化等信息。这种问卷设计可以覆盖传统文化的多个方面，包括价值观、仪式、礼仪等，以全面了解学生的情感认知。通过对问卷结果的分析，学校可以得知学生在传统文化教育中所受到的情感影响，为进一步的教学调整提供依据。

心理测量工具的运用是情感态度评估的另一个重要手段。通过采用心理测量工具，学校可以量化学生对中华优秀传统文化的情感态度，并跟踪其在共育模式中的变化趋势。这种工具可以涵盖情感维度的多个方面，如喜好程度、认同感、兴趣程度等，以更为客观地反映学生的情感态度变化。通过定期的心理测量，学校可以建立学生情感态度的长期跟踪机制，更好地把握其在传统文化教育中的发展过程。

此外，学校还可以通过观察学生的行为反应、参与度等方式，深入了解他们在传统文化学习中的情感态度。例如，在文化节日活动中，学校可以观察学生的积极参与、创造性表达等，从中窥探学生对传统文化的情感投入。这种观察方法有助于发现学生在情感态度上的表现，为后续的情感教育提供实际依据。

在情感态度评估中，学校还可以通过与家庭的沟通合作，获取更为全面的信息。通过定期与家长交流，了解学生在家庭中对传统文化的情感态度，使学校与家庭形成协同一致，更好地共育学生的情感发展。

4. 社交技能评估

在共育模式下，社交技能评估成为学生综合素养的重要组成部分。共育模式强调社会交往，包括学生的社交技能和团队协作能力等方面。为了更全面地评估学生在这些方面的发展，教育机构采用了观察学生在小组活动中的表现、社交技能培训后的变化等途径，以定量和定性的方式评价社交技能的提升情况。

观察学生在小组活动中的表现是社交技能评估的一种重要方法。通过小组项目，学生需要在团队中协作完成任务，这提供了观察社交技能的良好机会。学校可以观察学生的沟通能力、领导潜力、团队协作等方面的表现，以了解其在社交技能上的发展水平。这种观察方法旨在捕捉学生在实际情境中的社交行为，有助于更全面地了解其社交技能的优势和成长点。

社交技能培训的实施是提升学生社交技能的有效途径。通过组织社交技能培训课程，学校可以为学生提供系统性的社交技能训练，包括但不限于沟通技巧、人际关系管理、冲突解决等方面的培训内容。随后，通过定期的评估，学校可以了解学生在社交技能培训后的变化，包括技能的掌握程度和实际运用能力。这种方式使社交技能评估更加客观，为学生提供有针对性的培训和发展建议。

除了课堂内的社交技能培训，学校还可以通过社会实践等方式促进学生社交技能的发展。参与社会活动、文化体验、实地考察等不仅可以为学生提供更广泛的社交场合，也能让他们在实践中培养和提升社交技能。通过观察学生在这些实践中的表现，学校可以评估其在实际生活中应对社交挑战的能力，进一步促进学生社交技能的全面发展。

社交技能评估的另一个重要方面是学生的自我认知和反思能力。通过引导学生参与自我评价、小组成员互评等方式，学校可以促使学生对自己在社交技能方面的表现进行深入反思。这种反思性的评估有助于学生更好地发现自身在社交技能上的优势和改进空间，为个性化的社交技能培养提供指导。

5. 传统文化知识评估

共育模式下，对学生中华优秀传统文化知识的评估成为教育的核心环节。为了考查学生对中华优秀传统文化的知识掌握程度，学校可以采用多种方式进行定期评估，其中包括知识测试和项目作品评估等手段。这些评估方式有助于全面了解学生在共育模式中是否真正理解和吸收了传统文化的精髓。

知识测试是传统的评估方式之一，通过定期的考试，学校可以检测学生对中华优秀传统文化知识的熟悉程度。这种测试形式可以涵盖传统文化的多个领域，包括历史、文学、哲学、艺术等，以确保学生全面掌握传统文化的核心概念。通过分析测试结果，学校可以发现学生在哪些方面存在不足，为进一步的教学调整提供参考。

项目作品评估是更为实践性的评估方式，通过参与项目作业，学生需要将所学的传统文化知识运用到实际中。这种方式不仅考查了学生的理论知识掌握情况，还关注了他们在实践中的运用能力。例如，学生可以参与文化创意设计、传统艺术表演等项目，通过实际操作展现对传统文化的深刻理解。这种实践性的评估形式有助于培养学生的实际应用能力，使其真正体验传统文化的内涵。

除此之外，学校还可以通过小组讨论、座谈会等方式，了解学生对中华优秀传统文化的看法和理解。通过开展这些集体性的交流活动，学校可以促使学生在思想和观念层面对传统文化进行更深入的探讨。这种交流不仅有助于发现学生对传统文化的个性化理解，还能促进学生之间的互相启发和交流，丰富整体的学习氛围。

6. 传统价值观接受度评估

在共育模式中，评估学生对中华传统价值观的理解和接受程度显得尤为重要。为了更全面地了解共育模式对学生核心价值观的影响，学校可以采用问卷调查、访谈等方式进行评估，深入挖掘学生对传统价值观的认知和态度。

问卷调查是一种常见而有效的评估手段。通过设计有针对性的问题，学校可以收集学生对中华传统价值观的认同程度、理解程度以及对其在实际生活中的应用情况等信息。问卷调查的优势在于可以快速地获取大量的数据，为学校提供量化的评估结果。通过分析问卷数据，学校可以了解学生整体的接受程度，同时发现不同群体之间的差异，为个性化的指导提供依据。

访谈则是一种更为深入了解学生思想和态度的评估方式。通过面对面的交流，学校可以更全面地了解学生对传统价值观的个体感受、看法和体验。访谈可以涵盖的主题包括学生对家庭、友谊、责任等方面的理解，以及他们如何在具体情境中运用传统价值观。这种质性的评估方式有助于捕捉学生深层次的认知和体验，为学校提供更为细致入微的信息。

此外，观察学生在实际活动中的表现也是评估传统价值观接受度的有效手段。通过观察学生在团队合作、文化活动、社会实践等情境下的行为，学校可以发现他们在实际生活中如何贯彻传统价值观，以及这些价值观对他们的行为和决策产生了何种影响。这种实地观察有助于将评估从理论层面拓展到实际行动层面，更加全面地了解学生对传统价值观的实际运用情况。

7.家庭关系变化评估

在共育模式下，学校与家庭的合作成为教育的核心要素，因此对家庭关系的变化进行评估显得尤为重要。为了全面了解共育模式对学生与家长、亲属之间关系的影响，学校可以采用家访、家庭反馈等多种手段进行评估，为优化共育提供有力的参考。

家访是一种直接深入了解家庭状况和关系的评估方式。通过走访学生的家庭，学校可以近距离观察家庭成员之间的相处模式、沟通方式、亲子关系等方面的情况。家访不仅有助于发现潜在的家庭问题，还可以收集到家庭成员对共育模式的实际感受和期望。通过这种贴近实际的评估方式，学校能更全面地了解共育模式对家庭关系的具体影响。

家庭反馈是另一种评估家庭关系变化的重要手段。通过定期组织座谈会、家长会议等形式，学校可以向家长征询他们对共育模式的体验和看法。家长的反馈可以涵盖对学校的满意度、共育模式的实际效果、家庭与学校合作的感受等多个方面。这种双向的交流有助于建立更紧密的学校与家庭合作关系，同时为学校提供了改进共育模式的建议。

此外，学校还可以通过家庭参与度的变化来评估共育模式对家庭关系的影响。通过观察家庭成员参与学校活动的程度，可以了解到共育模式是否增强了家庭与学校之间的互动。例如，家庭是否更积极地参与学校组织的文化活动、座谈会等，这些都可以作为评估的参考指标。家庭与学校的互动有助于建立更为紧密的合作关系，促进共育的顺利进行。

（二）定期评估与问题优化

1.座谈会与问卷调查

学校在共育模式下的评估策略中，定期组织座谈会与进行问卷调查成为两项重要的手段。这些形式旨在收集学生、家庭和教师的反馈意见，以深入了解各方对于共育模式的看法、感受、期望和建议。这两种评估方式在提供多元化的数据基础上，为学校提供科学有效的决策支持，推动共育模式的优化和发展。

座谈会作为一种集体性的交流方式，提供了学校与学生、家庭、教师直接对话的平台。通过定期组织座谈会，学校可以深入了解各方面的想法和意见。学生可以分享他们在传统文化学习中的感受，家长可以表达对于共育模式的期望与担忧，而教师则有机会了解学生和家庭在实际操作中的反馈。座谈会为不同参与方提供了一个开放的交流空间，促进了共育模式参与主体之间的理解和合作。

与座谈会相辅相成的是问卷调查，这是一种大量收集数据的方式，具有客观性和广泛性的优势。通过设计有针对性的问卷，学校可以系统地了解学生、家庭和教师的态度、看法和期望。问卷调查的主题可以涵盖学生在传统文化学习中的兴趣、家庭对共育模式的认可程度、教师对模式实施的感受等多个方面。问卷调查的数据分析可以为学校提供全面、定量的评估结果，为制定改进策略和优化共育提供科学的依据。

在这两种评估方式中，关注的焦点包括学生对传统文化学习的感受，家长对共育模式的期望和建议，以及教师在实际操作中的体会。这种多方面的关注点有助于构建一个全面的评估体系，以更好地理解共育模式的效果和影响。学校可以结合座谈会和问卷调查的结果，全面了解参与主体的需求和期望，为共育模式的改进提供具体的建议。

2. 及时调整教育方案

学校在共育模式下的教育实践中，及时根据评估结果进行教育方案的调整是确保共育模式持续有效的至关重要的一环。评估的反馈信息提供了学校洞察学生、家庭和教师的需求与期望的窗口，通过及时地调整教育方案，学校能够更好地适应变化的教育环境，优化中华优秀传统文化教育的实施。

首先，根据评估结果可能需要进行课程设置的调整。在共育模式下，学校开设的传统文化课程需要紧密贴合学生的兴趣和实际需求。通过评估，学校可以了解到学生对不同传统文化领域的兴趣和掌握程度，进而根据这些信息对课程进行灵活的调整。这可能包括更新课程内容、引入更具吸引力的教学资源，以确保学生在传统文化学科上的积极参与和深入理解。

其次，评估结果也可能启示学校改进教学方法。教学方法的灵活性和适应性对于共育模式的成功实施至关重要。通过座谈会、问卷调查等方式获得的反馈信息可以揭示学生对不同教学方法的接受程度，以及他们在具体情境中的学习体验。学校可以根据这些反馈信息，调整教学策略，采用更符合学生需求的教学方法，提高共育模式的实效性。

家校合作模式的优化也是评估结果反馈的重要方面。在共育模式下，家庭的积极参与是成功的关键之一。通过座谈会和问卷调查，学校可以了解到家长对于共育模式的看法和期望，以及他们愿意参与的程度。根据这些信息，学校可以优化家校合作的模式，设计更具亲和力的家庭活动，提高家庭的参与度，促进学校与家庭之间更紧密的合作关系。

3. 问题优化与改进

在共育模式下，评估的关键在于不仅关注优点，更要深入揭示问题。为了确保共育模式的不断提升和发展，学校应该建立问题反馈机制，对评估中发现的问题进行深入分析，并制定具体的改进措施。这样的反馈机制不仅有助于发现潜在的挑战和难题，也为学校提供了持续改进的方向，以提高共育模式的整体质量。

首先，学校应确立明确的问题反馈机制。这一机制需要包括从学生、家庭和教师等多个参与主体获得的反馈途径。通过定期组织座谈会、进行问卷调查等形式，学校能够获得多角度、全方位的评估信息。同时，建立匿名反馈渠道，使参与者更愿意提出真实的问题和建议，为学校提供更为客观的数据基础。

其次，学校需要对评估中发现的问题进行深入分析。这包括问题的原因、影响范围以及可能的解决方案。通过组织专业团队，开展问题根本原因的调查和研究，学校可以深刻理解问题的本质，为制定切实可行的改进措施提供依据。这种深入分析不仅有助于解决当前问题，也能为未来的教育实践提供经验教训。

再次，学校需要制定具体的改进措施。改进措施应该综合考虑评估结果、问题分析的结论以及实际的教育环境。这可能包括调整课程设置、改进教学方法、加强家校合作等方面的改进措施。制定改进措施时，学校可以借鉴其他成功案例，结合自身实际情况，制订符合共育模式特点的改进计划。

最后，学校应建立反馈闭环，追踪和评估改进措施的实施效果。通过定期的监测和评估，学校可以了解到改进措施的成效，及时调整和优化措施，形成一个不断反馈、不断改进的良性循环。这种反馈闭环的机制有助于学校在共育模式中实现更高水平的教育质量和效果。

（三）科技手段的运用

1. 大数据分析学习轨迹

科技手段可以通过大数据分析学生在共育模式下的学习轨迹。这包括学生在传统文化学科上的学习时间、学习兴趣的变化、知识点的掌握情况等。大数据分析有助于更全面地了解学生的学习状况。

2. 家庭互动情况分析

科技手段可以用于收集和分析家庭互动情况。通过家校沟通平台、家庭作业的在线互动等方式，了解学生在家庭中的学习情况和家长的参与程度。这有助于建立更紧密的学校与家庭联系。

3. 虚拟现实技术支持

虚拟现实技术可以提供更为沉浸式的学习体验，帮助学生更好地融入中华优秀传统文化。通过虚拟实境演绎、历史场景还原等方式，加强学生的感知体验，为共育模式的实施提供更具创新性的手段。

4. 在线平台的建设与利用

建设在线学习平台，通过网络资源共享、在线讨论等方式促进学生的互动和学习。学校可以通过在线平台收集学生的学习情况、互动反馈，为评估提供更多数据支持。

第七章　大中小学中华优秀传统文化教育的评估与实践

第一节　中华优秀传统文化教育评估方法与体系建设

一、教育评估的概念与重要性

（一）概念

1. 教育评估的定义

中华优秀传统文化教育评估是一项系统性和全面性的评价活动，其主要目的在于全面评估教育活动对学生的影响。这一评估不仅侧重于传统文化课程在学术层面的表现，更注重学生的情感态度和社会互动等方面。通过深入评估传统文化教育的实施，旨在全面了解其对学生的深远影响，并为未来的教学实践提供指导。

2. 评估的层次

教育评估涉及多个层次，包括对传统文化课程的学科层面评价，对学生全面素养的评估，以及对教学实践的评估。综合这些层次的评估，可以更全面地了解中华优秀传统文化教育的效果和问题。

（二）重要性

1. 促进教学改革

教育评估在中小学教育中的重要性首先体现在促进教学改革方面。通过对传统文化教育实际效果的了解，教育机构可以及时调整和改进教学策略，使其更符合学生的需求和实际情况。

2. 提高教育质量

评估是提高教育质量的关键步骤。通过对学生学术成绩、情感态度等多方面进行评估，可以全面提升教育水平。了解学生在传统文化教育中的表现，有助于发现教育中的不足和问题，从而有针对性地改进教学质量。

3. 推动学生全面发展

评估有助于推动学生的全面发展。传统文化教育不仅是知识传授，更注重培养学生的品德、情感和社交能力。通过评估这些方面，可以更好地了解学生的综合素养，为其全面发展提供支持和引导。

（三）量化和衡量

在评估过程中，量化和衡量学生对中华优秀传统文化的理解是关键的一环。为了实现这一目标，可以设计科学的评估指标和测量工具。采用定量的问卷调查、心理测量工具等方法，有助于确保评估结果更为客观、准确。

通过综合运用不同的评估手段，可以更好地描绘学生在传统文化教育中的学习状况和发展轨迹。这样的评估方法不仅可以为学校提供实质性的数据支持，还有助于形成更科学、更有效的教育策略。

二、传统文化教育评估指标的建立

传统文化教育评估指标的建立是评估体系中的重要环节，涵盖了知识、情感和实践等多个层面。在这一过程中，我们需要综合考虑各方面的因素，以确保评估的全面性和科学性。

在知识层面，评估可以通过学生对经典文学和历史传承的掌握情况来进行。这包括对古代文献、传统经典的理解程度，以及对历史事件、文化符号的认知水平。建立相关的知识评估指标，可以客观地反映学生在传统文化知识方面的掌握程度，为学校提供有力的数据支持。

在情感层面，评估可以采用情感调查问卷、心理测量工具等方式，深入了解学生对传统文化的情感态度。这包括对传统价值观的认同程度、对文化符号的喜好程度等方面的评估。通过建立情感评估指标，可以揭示学生在情感层面上的变化和发展，为教育者提供指导，以更好地从情感层面引导学生投入传统文化学习。

在实践层面，评估可以通过考察学生参与传统文化活动的程度、社会实践的表现等来进行。学生是否积极参与文化活动、是否能将所学知识运用到实际生活中，都是评估的重要指标。通过建立实践评估体系，可以更好地了解学生在实际操作中的能力和水平，为教学改进提供实际依据。

建立科学合理的传统文化教育评估指标体系需要全面考虑知识、情感和实践等多个维度。这不仅有助于更全面地了解学生在传统文化教育中的发展情况，还为学校提供了有效的评估工具，以更好地指导教学实践。在评估指标的建立中，应注重科学性和客观性，确保评估结果具有可信度和可操作性。

三、教育评估的适应性与实用性

（一）适应性

1. 评估体系与学生特点的结合

评估体系的适应性关键在于能否有效结合学生的不同特点。不同年龄、学科背景、兴趣爱好的学生在传统文化教育中的表现各异，因此评估方法应具有足够的弹性。通过差异化的评估手段，如分层次、多层次的学科考试，可以更准确地反映学生的个体差异，从而提高评估的针对性和适应性。

2. 学校实际情况与评估指标的整合

学校在传统文化教育实践中的差异较大，因此评估体系应能够灵活适应不同学校的实际情况。结合学校的文化传承特色、师资水平等方面，制定相应的评估指标和方法。这需要评估者具备深刻的洞察力，以确保评估的全面性和真实性。

（二）实用性

1. 针对性的评估结果

实用性强调评估结果的针对性，即评估结果需要能够为具体的教育决策提供支持。为实现这一目标，评估体系应具备高度的敏感性，能够捕捉到学生在传统文化教育中的问题和亮点。通过分析具体的评估结果，学校管理者可以有针对性地提出改进建议，推动教学质量的不断提升。

2. 教学方案的灵活调整

实用性还要求评估结果能够灵活指导后续的教学改进。评估体系应当具备一定的动态性，能够迅速反映教学改革的效果。通过实时跟踪评估数据，教育决策者可以及时调整教学方案，优化教育流程，确保教育质量的持续提升。

第二节 中华优秀传统文化学生素养评价体系构建与实践

一、学生素养的多维度构建

（一）知识层面

1. 古代文学的理解与掌握

中华优秀传统文化学生素养的知识层面要涵盖对古代文学的深刻理解与全面掌握。学生需要通过系统学习古代经典著作，包括但不限于《红楼梦》《论语》《道德经》等，以建立起对古代文学的系统知识体系。这不仅包括作品的文字表面理解，更要追求深层次的思想把握和文学情感的体验。

2. 哲学思想的广泛涉猎

学生素养还需要在哲学思想方面有所涉猎。这包括对儒家、道家、佛家等不同哲学思想的理解，以及对这些思想在中国传统文化中的地位和作用的认识。学生应该能够辨析不同思想体系，理解其在历史和社会中的发展演变。

3. 艺术表现的全面理解

传统文化的艺术表现是学生素养中不可或缺的一部分。学生需要深入理解传统绘画、音乐、戏曲等艺术形式，把握其独特的审美标准和文化内涵。通过对艺术作品的研究，学生可以更好地理解传统文化对美的追求和表达方式。

（二）情感层面

1. 传统文化的认同建构

情感投入是学生素养中的关键组成部分。学生需要培养对传统文化的认同感，建构起对自身文化传承的情感纽带。这可以通过深入参与传统文化活动，感受文化氛围，从而使学生更为主动、深刻地融入传统文化的情感体验中。

2. 通过文学欣赏建立情感联系

文学欣赏是培养学生情感层面的有效手段。通过深入研读传统文学经典，学生可以在文学作品中感受到丰富的情感体验，包括对人生、伦理、爱情等方面的思考。这有助于学生建立与传统文化深厚的情感联系。

3.历史体验的情感共鸣

通过参与历史体验活动，学生能够更直观地感受传统文化的历史沿革和演进过程，从而在情感上形成更为深刻的共鸣。这些历史体验包括实地考察、模拟体验等，通过亲身参与，使学生更加贴近历史，建立起对传统文化的情感联系。

（三）实践层面

1.参与社会实践

实践层面要求学生能够将所学的传统文化知识运用到实际社会实践中。这包括参与社区文化活动、志愿服务等，通过实际行动将传统文化的理念融入社会实践，培养学生的社会责任感和文化担当。

2.传统文化活动参与

学生素养的实践层面还要求学生积极参与传统文化活动。这包括传统节日庆典、传统手工艺制作等，通过亲身参与传统文化的实际活动，学生能够更好地理解文化的传承和发展。

3.传统文化价值观在日常生活中的体现

学生应能在日常生活中体现传统文化的价值观。这包括在家庭、学校和社会中，通过言行举止传承和展示传统文化所弘扬的道德观念、家庭观念等。实践层面的体现不仅限于特定活动，更应贯穿于学生的日常行为，使传统文化的理念能够真正融入其生活方式。

二、评价体系的设计原则

（一）继承性

在设计评价体系时，继承性是不可忽视的关键原则。这一原则的重要性在于确保学生在中华优秀传统文化的学习中能够超越表面的知识理解，而真正深入领会和接受传统文化的核心价值观。评价体系的指标应全面覆盖传统文化的根本理念，使学生在学习过程中形成对这些价值观的深刻理解，同时具备将其传承下去的责任感。

这一继承性原则的实施有助于确保传统文化学习不仅是知识获取的过程，更是一种文化传承的有机组成。通过评价体系的继承性设计，学生将更深刻地认识到传统文化的珍贵性，形成对文化传承责任的内在驱动力。这种内化的责任感将推动学生在将来更积极地参与和传承中华优秀传统文化，使之成为持久的价值观念。

因此，评价体系的设计应侧重于如何激发学生对传统文化价值观的真实认同，并通过相关指标确保他们能够在学习中逐步形成这一责任感。这不仅有助于学生个体的成长，也为中华优秀传统文化的传承奠定了坚实的基础。

（二）实用性

实用性在评价体系设计中扮演着至关重要的角色。评价体系应致力于确保学生学到的中华优秀传统文化知识不仅是理论认知，更要能够在实际生活中得以应用。评价指标应关注学生将传统文化知识融入工作、社交和生活等方面的能力，以此来检验学生对传统文化的实际运用水平。

通过注重实用性，评价体系可以有效保证学生所学的传统文化知识不仅停留在纸面上，更能够在现实生活中转化为实际行动。这一原则的实施将使学生具备将传统文化运用到各个领域的实际技能，从而更好地融入社会，为社会生活带来积极的影响。

因此，评价体系的设计应当关注学生实际运用传统文化知识的能力，并通过相关指标全面考察他们在工作、社交和生活中的实际表现。这样的设计不仅有助于确保教育的实际效果，也能够培养出具备实际运用能力的传统文化人才，为社会的发展和进步作出积极贡献。

（三）情感体验

情感体验在传统文化学习中是不可或缺的。评价体系的设计应当强调情感体验，确保学生在学习传统文化的过程中能够真实地产生情感共鸣。通过情感体验，学生更容易深入理解传统文化的内涵，从而在学习中形成更加深刻的印象。这一原则有助于培养学生对传统文化的情感认同，使学习过程更加深入人心，不仅是知识的灌输，更是一种情感上的体验和连接。

情感体验的强调能够促使学生在学习中更加主动地投入，形成对传统文化的深刻理解。评价体系应考虑如何通过情感调查问卷、心理测量工具等方式收集学生的情感反馈，以量化衡量情感体验的深度和广度。通过对学生情感体验的评估，可以更全面地了解他们在传统文化学习中的参与程度和情感投入情况。

情感体验的设计有助于提高传统文化学习的吸引力。评价体系应综合考虑情感体验在不同传统文化学科中的应用，以确保学生在各个学科领域都能够产生情感共鸣。这有助于使传统文化学习更加丰富多彩，增强学生的学习兴趣和主动性。

情感体验的强调还有助于培养学生对传统文化的情感投入，形成长久的情感联系。评价体系应考虑如何通过长期观察和定期调查，了解学生情感体验的演变和变化。通过这样的评估，可以更好地把握学生在学习过程中情感投入的发展轨迹，为调整教学策略提供科学依据。

三、学生素养评价的周期性与动态性

（一）周期性评价

1. 评价周期的设立

在中华优秀传统文化学习中，学生素养的周期性评价扮演着至关重要的角色，旨在深入了解学生在这一学科领域内的发展过程，以实现对其发展轨迹的全面追踪。为确保评价的连续性和及时性，评价周期的设立显得尤为重要。这一周期性评价可以合理地安排在学期末、学年末或其他恰当的时间节点，以便对学生的学习成果、情感态度以及道德品质等方面进行全面系统的审视。

通过定期的评价，学校能够充分了解学生在中华优秀传统文化学习中的表现，并及时发现可能存在的问题。这种定期性的审视机制为学校提供了有效的手段，使其能够对学生的整体素养有更为精准的把握。评价的结果不仅可以反映学生在传统文化知识方面的进步，还能捕捉到他们道德品质和情感态度的变化。这种全面性的评估有助于学校深入了解学生的学习状态，为进一步的教学方案调整提供科学依据。

值得注意的是，评价周期的设立并非仅是为了完成一次性的任务，而更是为了形成一个循环往复的评估机制。通过这一机制，学校能够建立起对学生学科发展的长期观察，真实地把握学生在中华优秀传统文化学习中的成长历程。这种周期性的评价不仅有助于发现和解决学生在学习过程中可能遇到的问题，也能够及时反馈教学效果，从而促进教学方案的不断优化。

2. 评价内容的多元性

周期性评价的多元性体现在对学生素养的广泛而全面的审视中。评价的内容应当包括多个方面，以确保对学生在中华优秀传统文化学习中的全面表现有一个真实而准确的把握。首先，知识方面的评价是至关重要的一环。这不仅包括对传统文化经典著作的理解程度，还涉及学生对历史事件的把握能力。通过深入考查学生在这些方面的表现，学校能够了解他们对传统文化知识的熟练程度和应用能力，从而为教学提供具体的改进方向。

与此同时，评价内容还应当涵盖学生的道德品质的提升。传统文化学习不仅是知识的传授，更是一种道德伦理的培养过程。因此，对学生的道德素养进行评价是必不可少的。这可以包括学生在日常生活中的行为表现，以及其对于传统文化中所蕴含的价值观念的理解和实践。通过这一方面的评价，学校可以了解学生在道德品质方面的成长和进步，为培养德智体美劳全面发展的社会主义建设者和接班人提供参考依据。

另外，情感态度的评价是多元性评价中的又一关键点。传统文化的学习需要学生具备积极的情感态度，包括对传统文化的兴趣和热爱，以及对于文化内涵的认同和理解。通过关注学生对传统文化的兴趣程度、态度变化等方面，学校可以了解学生在情感态度上的发展，为激发学生学习的主动性和深度参与提供有益信息。

3. 数据支持的实时性

通过周期性评价获取实时数据是中华优秀传统文化学习中一项至关重要的举措。这种实时性的数据支持为学校提供了一个有效的手段，用以深入了解学生在学科发展中的实际表现。具体而言，学校通过周期性评价能够及时获得学生的学业成绩，这不仅是学生学习状况的直观反映，也是评价体系中至关重要的一环。学生成绩的实时获取有助于学校更全面地了解学生对传统文化知识的掌握程度，为针对性的教学提供直接依据。

除此之外，周期性评价还包括对学生在课堂上的表现进行实时观察和记录。通过对课堂表现的分析，学校可以把握学生对所学知识的理解深度、思考能力以及表达能力等方面的情况。这不仅有助于评价学生在传统文化学习中的实际运用能力，也为教师提供了调整教学策略的依据，以更好地促进学生的全面发展。

此外，学生参与活动的积极性也是周期性评价中一项重要的实时数据。通过监测学生在课外活动、文化体验等方面的积极程度，学校可以了解学生对传统文化学习的兴趣和参与度。这种数据不仅能够反映学生对传统文化的态度，还为学校提供了引导学生积极参与的方向，从而更好地激发学生学习的主动性。

4. 促进教学的针对性

通过定期评价，学校得以更有针对性地促进中华优秀传统文化学习中的教学。这一方式为教育管理提供了一种有力的工具，通过了解学生的学业表现，教师能够更准确地判断学生的学科特长和弱项。对于中华优秀传统文化学习而言，学生个体之间存在差异，因此有针对性的教学对于促使学生充分发掘个人潜力、弥补不足至关重要。

教师通过定期评价的数据分析，能够识别出学生的学科优势和劣势。对于那些在传统文化知识领域表现出色的学生，教师可以进一步提供深度挖掘、拓展知识的机会，以满足他们的求知欲望，激发学科兴趣。相反，对于在某些方面相对薄弱的学生，教师可以通过有针对性的教学辅导和个性化学习计划，帮助他们克服困难，提高学科水平。

这种有针对性的调整不仅局限于教学内容，还包括教学方法的灵活运用。不同的学生有不同的学习风格和习惯，有些可能更适应于图书馆独立自学，而有些可能更倾向于小组合作学习。通过对学生的定期评价，教师能够更好地了解学生的学习风格和需求，从而调整教学方法，使之更符合学生的个体差异。这种个性化的教学方式有助于提高学生的学习效果，激发学习动力。

定期评价为中华优秀传统文化学习的个性化教学提供了科学的依据。通过了解学生的学业表现和潜力，教师可以更有针对性地制订教学计划，使之更加贴近学生的实际需求。这不仅有助于提高学生的学科水平，还培养了学生对中华优秀传统文化的深刻理解和兴趣。因此，通过定期评价推动的个性化教学不仅是教育教学改革的需求，更是促进学生全面发展的有效途径。

（二）动态性评价

1. 评价体系的灵活性

学生素养评价的灵活性是中华优秀传统文化学习评价体系中的一项关键特征。这种灵活性的要求源于学生在不同发展阶段表现出的多样性和差异性。为适应这种差异性，评价体系应当具备足够的动态性，以更为精准地反映学生在中华优秀传统文化学习中的个体差异。

首先，评价体系需要灵活地根据学生的认知水平进行调整。学生在不同阶段对于中华优秀传统文化的认知水平存在差异，因此评价体系应当能够准确把握学生在各个阶段的认知水平，不仅局限于知识掌握的量化评估，更需要关注对文化内涵的理解和深度思考。这样的灵活性有助于确保评价体系不仅关注知识的广度，还能够捕捉到学生对传统文化的深刻理解。

其次，评价体系应当灵活地根据学生的兴趣爱好进行调整。中华优秀传统文化学习并非一成不变的模式，而是融入了丰富多彩的文化元素。考虑到学生个体之间兴趣的多样性，评价体系应当能够灵活地调整评价方法，使之更贴近学生的兴趣点。通过关注学生在中华优秀传统文化领域中的个性化兴趣，评价体系可以更全面地反映学生的学习动力和参与度。

最后，评价体系需要灵活地根据学生的学习方式进行调整。不同的学生有不同的学习习惯和方式，有些可能更适应于独立自学，而有些可能更倾向于小组协作学习。评价体系应当通过灵活运用不同的评价方法，使之更符合学生的个体差异。这种灵活性有助于提高评价的公正性和客观性，确保评价结果更真实地反映学生在中华优秀传统文化学习中的实际水平。

2. 评价方法的差异化

为适应学生在中华优秀传统文化学习中的不同发展阶段，评价方法的差异化是一项关键策略。随着学生的学业发展，评价方法需要有针对性地进行调整，以更准确地捕捉学生在不同学习阶段的发展情况，从而实现更有深度和广度的评估。

在学生初步接触传统文化知识的阶段，适用于评价的方法可以包括基础知识的测试或作业。这样的评价方法有助于检验学生对传统文化基本概念和事件的了解程度，为教师提供一个量化的指标，使其更好地了解学生在知识层面上的熟悉程度。通过这些基础性的评价，学校可以建立学生在传统文化领域的学习基础，为后续深入学习奠定坚实基础。

随着学生逐渐深入学习中华优秀传统文化，评价方法需要更多地关注学生对文化内涵的理解和思考能力。这时，采用一些开放性的评价方式，如论文写作、小组讨论等，能够更好地反映学生对传统文化的深层次理解和对相关议题的独立思考能力。通过这样的评价方法，学校能够更全面地了解学生的学科素养，培养其对中华优秀传统文化的深刻理解和批判性思维能力。

差异化的评价方法不仅有助于更准确地了解学生在不同学习阶段的发展情况，也能够激发学生学习的兴趣和动力。在初学阶段，注重基础知识的测试能够帮助学生建立信心，形成学科基础；而在深入学习阶段，更注重思辨和论证的评价方法则能够激发学生的独立思考和创造性表达。

3. 评价指标的调整

实施动态性评价的关键在于对评价指标的灵活调整，以适应学生在中华优秀传统文化学习中的不同发展阶段。这一策略的核心理念是随着学生的学业发展，评价指标应当与学生的发展需求相适应，更加全面地反映其在不同阶段的学科素养和能力发展。

在学生初学阶段，评价指标可以注重基础知识的掌握情况。这包括对传统文化基本概念、历史事件等方面的了解程度。通过测量学生在这些基础知识领域的掌握情况，学校可以建立学生在传统文化学科上的学科基础，为后续学习提供坚实的支持。这一阶段的评价指标更注重学科基础的奠定，为学生深入学习传统文化打下牢固基础。

随着学生逐渐深入学习，评价指标需要更加关注学生的创新能力、批判性思维等方面。这包括学生对传统文化的深层次理解、对相关议题的独立思考以及能否提出新颖的见解等。通过对这些更高层次的评价指标的关注，学校能够更全面地了解学生在传统文化学习中的发展情况，为培养具有创造性思维和批判性思维能力的学生提供有效的反馈。

评价指标的动态调整不仅关乎学生的个体发展，也与教学目标的实现密切相关。通过对评价指标的动态调整，学校能够更精准地反映教学目标的达成程度，促进教学质量的不断提升。这种调整使得评价体系更加贴近学科发展的实际需求，为学生提供更有针对性的培养路径。

4. 教学方案的灵活调整

动态性评价为教学方案的灵活调整提供了科学依据，使教育教学更贴近学生的实际需求。教师通过对学生在不同学习阶段的实际表现进行综合评估，能够更准确地把握学生的学科水平、兴趣特点和学习方式，从而有针对性地调整教学方案，提高教学的实效性和针对性。

教师可以根据学生在初学阶段的表现，灵活调整教学内容。如果学生在传统文化基础知识方面表现较弱，教师可以通过强化基础知识的教学，提供更具体的案例和实例，以加深学生对传统文化的了解。反之，如果学生在基础知识方面表现较好，教师可以适度拓展教学内容，引导学生深入思考文化内涵，促进学生学科素养的全面提升。这种灵活调整使得教学更贴近学生的学科水平，更有针对性地满足学生的知识需求。

动态性评价也为教学方法的调整提供了方向。不同的学生有不同的学习风格和习惯，有些可能更适应于独立自学，而有些可能更倾向于小组合作学习。通过对学生的学习方式进行细致观察和分析，教师可以灵活调整教学方法，采用更符合学生习惯的方式进行教学。例如，对于喜欢合作学习的学生，可以加强小组讨论和项目合作；而对于更偏好独立思考的学生，可以提供更多的自主学习材料和个性化辅导。这种灵活性调整有助于提高教学的亲和性，激发学生学习的积极性和主动性。

最后，动态性评价为个性化教学提供了契机。通过了解学生的学科兴趣、优势和不足，教师可以有针对性地设计个性化的学习计划，以满足学生的个体差异。例如，对于对历史感兴趣的学生，可以设计相关历史文化的深度研究项目；而对于对文学感兴趣的学生，则可以推荐相关经典文学作品，以拓展其文学素养。这种个性化的教学设计有助于激发学生的学科热情，推动其在中华优秀传统文化学习中的个性发展。

第三节 中华优秀传统文化教育大中小学实践案例评估与总结

一、成都医学院案例背景与介绍

成都医学院（图 7-1）的中华优秀传统文化教育实践案例展示了在医学领域中融入传统文化元素的尝试。该案例的背景包括学校坚持中医药传承与发展的教育理念，以及在医学专业中如何引入中华优秀传统文化元素。成都医学院在这一实践中尝试通过传统文化教育，培养医学生对中医药传统知识的理解与认同，以提升医学专业人才的整体素养。

图 7-1 成都医学院新都校区一角

（一）学院发展历程

成都医学院创立于 1947 年，经过多年的发展，已经成为一所以医学为主体的综合性医学本科院校。学院在 2011 年获得硕士学位授予单位的资格，标志着学院进入了更高层次的教育阶段。2012 年，学院成为国家"卓越医生教育培养计划项目试点高校"，进一步提升了医学专业的教学水平。学院以其卓越的医学教学质量于 2016 年成为四川省首家通过教育部临床医学专业认证的高校，为培养更具实践能力的医学生奠定了基础。

此外，学院在医学领域的荣誉也为其在全国范围内树立了良好的声誉。跻身国家"卓越医生教育培养计划项目试点高校"让学院在医学教育方面得到国家级认可，2017 年获批四川省深化创新创业教育改革示范高校，进一步巩固了学院在医学教育领域的地位。学院还积极响应国家政策，于 2018 年加入教育部数据中国"百校工程"，为学院医学专业的信息化和数字化建设提供了支持。

（二）医学专业的特色与师资团队

学院在医学专业的培养上注重学科基础的打牢和实践能力的培养。拥有专任教师 915 人，其中高级职称教师占比较大，具有博士、硕士学位的教师众多，同时拥有多名享受国务院特殊津贴的专家。因此，这一强大的师资团队为学院医学专业的发展提供了有力的支持。

学院医学专业的优势不仅在于丰富的教育资源，还在于注重培养医学生的全面素养。近年来，学院通过参与各类全国性医学比赛，取得了多项优异成绩。这不仅显示了医学专业在学科竞争中的强劲实力，也为学院在医学领域的声誉赢得了更多的赞誉。在 ESI（Essential Science Indicators）全球学科排名中，临床医学首次进入全球前 1%，为学院在国际学术领域的高水平表现提供了有力的数据支持。

（三）医学专业的国际影响力

成都医学院的医学专业在国际上取得的重要成就进一步彰显了学院的国际影响力。学院不仅在国内医学领域取得了显著的成绩，在国际学术舞台上也崭露头角。临床医学专业首次进入 ESI 全球前 1% 学科，这标志着学院临床医学学科已经具备了较高的国际学术影响力。这一成绩不仅为学院的医学专业赢得了国际认可，也为学生提供了更广阔的国际交流平台。

二、案例的实施过程与效果

在中华优秀传统文化教育实施过程中，成都医学院通过在医学课程中嵌入传统文化教育元素，引导学生深入了解中医药的历史渊源、哲学基础以及临床实践。学生通过传统文化教育，不仅加深了对中医药的学科认知，更培养了对中医药传统文化的兴趣和热情。同时，学校通过举办传统文化活动、组织学生参与相关实践，拓展了学生的传统文化体验，使其更好地融入医学专业实践中。

（一）强化思想引领，建立"军魂文化"的目标导向机制

成都医学院在实施"三全育人"过程中，巧妙地借助学院曾作为军队院校的历史背景，全面发挥了"根于军魂、本于医道"的精神。学院以军队传统文化为基础，通过一系列具体措施，建立了"军魂文化"的目标导向机制，为学生的思想引领提供了独特而有力的支撑。

一方面，学院在日常管理中常态化组织学生参与军事活动，如早操、点名、内务卫生检查等。这些军事活动不仅使学生深刻感受到军队传统的严谨和纪律，更增强了他们对军队文化的认同感。通过雕塑、园林景观等方式，学院巧妙地展示了军队文化的独特魅力，通过校园中的军号、军乐团、国旗护卫队等元素，弘扬了军魂文化的深厚内涵。这种目标导向的举措不仅使学生在实践中体验到军队文化，也在潜移默化中加深了他们对"军魂"的理解和认同。

另一方面，学院积极加入"红医联盟"，以红医精神为引领，大力培养红色医学人才。通过参与红医联盟的活动，学生更深入地了解医学与革命的深厚渊源，树立了对医学事业的崇高信仰。这种将军队文化与医学教育相融合的做法，为学生提供了全新的思想引领。红医联盟的活动旨在通过红色历史教育，唤起学生的家国情怀，激发医学学科的爱国热情。这种引导学生在红色医学传统中汲取力量的做法，使学院的"军魂文化"更具深度和广度。

这一独特而系统的"军魂文化"目标导向机制，使学院在"三全育人"工作中既保留了自身的军事特色，又通过与医学教育相结合，实现了对学生思想的引领和塑造。这种整合的思想引领机制为其他高校提供了一个值得借鉴的范例，有望在培养学生成长过程中产生积极而深远的影响。

（二）狠抓责任落实，建立层层传导的责任分解机制

为确保"三全育人"项目的有效实施，成都医学院采取了狠抓责任落实、建立层层传导的责任分解机制。在学院思想政治工作中，为适应"三全育人"改革的需要，学院进行了领导体制的调整和机构设置的优化。

首先，学院调整优化学院思想政治工作领导小组，设立了专门负责"三全育人"改革的领导小组和工作机构。这一调整有助于形成分工协作、协同推进的"大思政"工作格局。领导小组的设立使"三全育人"工作有了更为明确的指导和统筹，确保了责任机制的落实。

其次，学院制定了《成都医学院思想政治工作质量提升工程实施办法》，通过构建"十大"育人体系明确了各项任务的责任分解。这一实施办法不仅在总体

层面上规划了"三全育人"工程，还通过具体项目和任务的设定，使责任更加具体、可操作。这种层层传导的责任分解机制，有效地将工作的责任划分到各个层级，确保了每个环节的顺利推进。

为了更加具体地推动"三全育人"工作，学院还制订了详细的年度工作计划，从总体思路、工作目标、主要任务和措施、责任分解表、条件保障等多个方面明确了具体要求。这一年度工作计划的制订有助于将工作目标转化为切实可行的任务，更好地推动责任的层层传导。

通过以上的机制建设和制度规范，学院在"三全育人"工作中形成了狠抓责任落实的态势。这种责任分解机制既有层次分明的总体规划，又有具体可行的项目清单，为"三全育人"工程的有序推进提供了制度性的支持。这一经验不仅对于学院内部的育人工作具有借鉴意义，也为其他高校在责任机制的建设方面提供了有益的参考。

（三）凝聚多方合力，建立全员行动的育人参与机制

在推动"三全育人"工作的过程中，成都医学院注重凝聚多方合力，致力于构建全员行动的育人参与机制。学院通过建立"四位一体"育人共同体，涵盖学校、家庭、社会和学生四个方面，实现了多方合作，形成了全方位的育人支持体系。

首先，学院通过整合内外部育人资源，建立了"四位一体"的育人共同体。这一体系包括学校内部资源，如四川养老与老年健康协同创新中心、附属医院与教育基地，以及外部资源，如校友、学生家庭等。通过整合这些资源，学院实现了育人工作的全方位支持，为学生提供了多元化的培养环境。

其次，学院积极构建了多层次的引导机制，包括"三全育人"引领人、示范岗、实践者等。这些引导机制不仅注重于个别带头人的引领，更强调全员参与的理念。通过设立示范岗和实践者，学院鼓励广大教职员工参与育人工作，形成了一支多层次的育人队伍。这种引导机制有助于调动学生的积极性和主动性，使育人工作更具活力。

成都医学院在"三全育人"工作中通过凝聚多方合力，建立了全员行动的育人参与机制。这种机制不仅使内外部资源得以充分整合，也通过多层次的引导机制促进了全员参与的理念。这一经验对其他高校在育人工作中的组织机制建设提供了有益的参考。

（四）注重综合施策，建立全程实践的创新管理机制

在成都医学院的"三全育人"工作中，学院注重综合施策，通过建立全程实践的创新管理机制，全面提升医学生的实践能力。其中，实践教学体系的优化是推动这一目标实现的重要举措。学院构建了基础实验、专业技能和综合创新三大模块的实践教学体系，致力于为学生提供多样化的实践机会，以全面培养其专业素养。

学院通过基础实验教学体系，加强医学生对基础医学知识的实际运用。学生在实验中通过亲身操作，深入理解医学理论，提高实际操作技能。这一模块的设计旨在巩固医学生的学科基础，为其未来的专业发展奠定坚实基础。

专业技能教学体系着眼于培养医学生的实际操作技能。学院通过模拟临床操作、临床技能培训等方式，使学生在真实场景中磨炼技能，增强其在医疗实践中的自信心。这一模块的目的在于使学生能够顺利地应对实际医疗工作中的各种挑战。

综合创新实验体系旨在培养医学生的创新思维和实践能力。学院通过组织学生参与科研项目、开展医学创新大赛等活动，激发学生的创新热情，提高其解决实际问题的能力。这一模块的设计旨在为学生提供更广泛的实践平台，培养其创新潜能。

除实践教学体系的优化外，学院还通过创新实践导航服务，将学生的大学生活学习划分为新生入学、学业中期、实习就业三个成长阶段。这一服务机制有助于引导学生在不同阶段的学习中注重实践，使其在思想、心理和行为等多个方面全面发展。通过实践导航，学院为学生提供了贴近实际的指导，使其在全程实践中更好地实现"学中做、做中学"的教育理念。

（五）突出示范引领，建立创先争优的考核激励机制

为推动"三全育人"工作的顺利开展，成都医学院建立了创先争优的考核激励机制，旨在鼓励教师在育人工作中发挥示范引领作用。这一机制的设计不仅通过"10+10"育人体系，涵盖了课程、科研、实践、文化、网络、心理、管理、服务、资助、组织等十大育人体系，而且充分考虑了不同层面的育人要素，为全员提供了多元化的发展空间。

学院通过示范引领的方式，突出了典型案例，以点带面，以个别典型推动整体工作。这一策略旨在通过强调个别成功经验，激发全体教职员工在育人工作中的热情和责任感。通过设立"10+10"育人体系，学院以具体的事例向师生展示

了成功的育人案例，为全院提供了可借鉴的范本。

学院的考核激励机制充分体现了"学中做、做中学"的理念。通过制定学生思政教育工作测评体系，学院将其纳入部门目标绩效考核，使育人工作成为全员工作的重要组成部分。这一测评体系不仅关注思政工作的结果，更注重过程和方法的科学性和有效性，为教师提供了全面的发展空间。

教师评聘和考核机制的完善是推动育人工作的又一重要举措。学院将思想政治表现和育人功能发挥作为评价教师的首要指标，这一变革强调了教师在思政教育和育人工作中的重要性。通过完善教师教学评价、职务（职称）评聘、评优奖励制度，学院为教师提供了更为明确的发展路径，进一步推动了学院育人工作的深入开展。

（六）强化组织保障，建立扎实有效的基础保障机制

为确保"三全育人"项目的顺利实施，成都医学院着力加强组织保障，建立了扎实有效的基础保障机制。学院通过多方面的制度建设，包括常规工作、专项议事、项目监督、项目评价、风险预警、档案管理等，推动了育人工作的常态化、制度化和规范化。

首先，学院注重建设健全各项制度。通过制定并完善档案管理、项目评价等多方面的规章制度，为"三全育人"工作提供了具体操作的指导。这一系列制度的建立不仅确保了工作的有序进行，还为全员提供了明确的工作依据和操作规范。

其次，学院强调档案管理的重要性。通过不断完善档案资料、总结工作经验和成果，学院建立了翔实的数据支持体系。这种系统的档案管理不仅有助于学院对"三全育人"工作的监控和评估，也为未来的改进和优化提供了有力的依据。

最后，学院通过对各单位、各岗位的职责要求和考核内容的梳理，将思政教育工作纳入考核元素，切实推动了全员的工作重心和目标的调整。这种责任明确、考核有力的机制，为"三全育人"工作提供了持续的动力和保障。

三、案例经验与其他学校借鉴的启示

成都医学院的案例为其他学校提供了宝贵的经验和启示。

（一）专业课程中引入传统文化元素的有效性

成都医学院在实施"三全育人"过程中成功引入传统文化元素于医学专业课程中，这一做法对于提升学生的专业素养和人文素质都产生了积极影响。

通过将中医药的历史、哲学基础等传统文化元素融入专业课程，学生能够更深刻地理解医学的渊源和背景，为其建立坚实的学科基础提供了有力支持。这种跨学科的教学模式有助于打破传统学科之间的壁垒，促使学生形成更为综合的学科认知。

专业课程中引入传统文化元素可以激发学生对医学专业的浓厚兴趣。通过了解中医药的哲学思想和实践经验，学生能够更好地理解医学的价值和意义，从而在学科学习中更为主动积极。这对于提高学生的学科成绩和参与度具有显著作用。

将传统文化元素与专业实践相结合，有助于培养学生更为全面的素养。传统文化的引入不仅拓展了学生的学科认知，还培养了其对患者需求的人文关怀能力。这种全面素养的培养有助于学生更好地适应未来医学领域的发展趋势，成为既懂医学专业知识又具备人文关怀能力的卓越医学专业人才。

（二）其他学校借鉴启示

其他学校在借鉴成都医学院的这一经验时，可根据自身的特点和专业设置，有针对性地引入适合的传统文化元素。

学校可以从本土文化和专业特色出发，选择与医学专业相契合的传统文化内容，以确保其与学科学习的有机融合。这要求学校在制订教学计划时充分考虑传统文化元素的引入，确保其既能够提升学科知识水平，又不影响专业课程的系统性和完整性。

通过实践活动，学校积极为学生提供参与的平台。除了课堂教学，学校还可以组织丰富多彩的传统文化活动，例如中医药知识竞赛、传统医学体验等，以提高学生的参与度。通过实践活动，学生能够更深入地感受和体验传统文化的内涵，培养其对传统文化的浓厚兴趣。

此外，学校应定期评估学生在传统文化学习中的表现。通过定期的测评和反馈，学校可以了解学生的学习情况和对传统文化的认知程度，及时调整教学策略和内容。这有助于确保教育目标的顺利达成，为学生提供更有针对性的学习体验。

第八章 推进大中小学思政课一体化实践育人共同体建设

第一节 大中小学思政课一体化实践育人建设的目标任务

一、思政课一体化实践育人的核心目标

（一）提高学生的实际动手能力

1. 融入实践元素的必要性

思政课一体化实践育人的核心目标之一是通过融入实践元素，提高学生的实际动手能力。这一目标的制订源于对传统思政课的反思，传统课程偏向理论传授，缺乏对学生实际动手能力的培养。因此，在思政课中引入实践元素成为必然选择，以促使学生在实际中运用所学知识，将理论知识更好地转化为实际操作的能力。

2. 实践项目的设计与实施

在实践育人的过程中，设计和实施具体的实践项目至关重要。这涉及项目的选择、设计和组织，需要结合思政课程的特点，确定符合学科知识和实际操作的项目。通过项目的实施，学生可以在真实场景中应用所学知识，提高实际动手的技能，同时培养解决实际问题的能力。

3. 实践元素与思政课程的有机结合

在提高学生实际动手能力的过程中，实践元素与思政课程需要实现有机结合。这就要求教师在教学设计中注重将实践元素融入课程中，形成理论与实践相互贯通的教学模式。通过案例分析、实际操作等方式，使学生在实践中更好地理解和应用所学理论知识，提高实际动手的能力。

4. 评价体系的建立

提高学生实际动手能力需要建立科学的评价体系。评价体系不仅要关注学科知识的掌握，更要突出实际操作的表现。因此，评价指标可以包括实践项目的完成情况、解决问题的能力、团队协作的效果等。通过全面的评价，能够更准确地反映学生在实践中的实际动手能力水平。

5. 理论联系实际的引导

思政课一体化实践育人的目标在于实现理论联系实际。因此，在教学中，要通过实际案例的引导，帮助学生实现理论知识与实际问题的结合。通过引导学生思考并解决实际问题，使他们在实际中更好地理解和运用马克思主义基本原理。

6. 跨学科实践的拓展

提高学生实际动手能力需要跨学科实践的拓展。实践项目可以涉及多个学科领域，这有助于学生更全面地了解实际问题，形成跨学科的思维方式。跨学科实践不仅可以提高学生的实际操作能力，还能够培养他们综合运用不同学科知识解决问题的能力。

7. 社会资源的整合

在实践育人的过程中，社会资源的整合是提高学生实际动手能力的重要环节。学校可以与企业、社会组织等建立合作关系，将社会资源引入实践项目中。通过借助社会资源，学生能够更好地了解实际工作环境，提高实际动手的能力。

8. 生涯规划的引导

提高学生实际动手能力还需要进行生涯规划的引导。在实践项目中，学生可以更清晰地认识到自己的兴趣和优势，从而更好地规划未来的发展方向。通过引导学生对个人发展进行深入思考，使实践更具有个性化和目标性。

（二）培养学生的社会责任感

1. 社会责任感的培养意义

思政课一体化实践育人的目标之一是培养学生的社会责任感。社会责任感是指个体对社会负有的义务和担当，是培养学生积极参与社会、为社会贡献力量的关键。这一目标的设立旨在引导学生认识社会问题、积极参与社会实践，形成对社会负责的态度。

2. 社会问题认知的引导

在培养学生社会责任感的过程中，要通过引导学生认知社会问题，使他们对社会现象有更深刻的理解。思政课程可以通过案例分析、社会调研等方式，帮助学生认识到社会中存在的不公正、不平等等问题，引发他们对社会责任的思考。通过对社会问题的认知，学生能够更清晰地意识到自己在社会中的位置和责任。

3. 社会实践项目的选择与设计

为了培养学生的社会责任感，需要选择和设计符合实际社会需求的实践项目。这些项目可以涵盖社会公益、环保、社区服务等方面，通过参与这些项目，学生能够亲身体验社会问题，激发他们的责任心。此外，项目的设计要具有一定的挑战性，使学生在实践中面对问题时更具责任心。

4. 社会责任心与团队协作的结合

社会责任感的培养还需要与团队协作相结合。在社会实践项目中，学生通常需要与他人合作，共同解决社会问题。通过团队协作，不仅能够提高学生的团队协作能力，还能够让他们意识到社会责任是一个共同的责任，需要大家共同努力。

5. 社会责任感与公民素养的融合

社会责任感的培养应与公民素养的融合相结合。在思政课一体化实践育人中，除了关注学生个体的社会责任感培养，还应注重培养他们的公民素养。公民素养包括法治观念、公共参与能力等，通过培养公民素养，能够更全面地提升学生在社会中的责任感。

6. 社会责任感与道德品质的培养

社会责任感的培养与道德品质的培养紧密相连。通过参与社会实践，学生将面临各种道德困境，需要在实践中明辨是非，形成正确的价值观。因此，在实践育人中，要注重培养学生的道德判断力和道德情操，使其在社会责任实践中表现出高尚的品德。

（三）培养团队协作精神

1. 团队协作在实践中的重要性

思政课一体化实践育人的核心目标之一是培养学生的团队协作精神。团队协作在实践中具有重要意义，不仅能够提高学生的工作效率，还能够培养他们的沟通、协调和领导能力。因此，目标的设立是为了使学生能够更好地适应未来社会和职业环境。

2. 团队协作项目的设计与选择

培养学生的团队协作精神需要精心设计和选择团队协作项目。这些项目可以包括社会服务、科研项目等，通过参与这些项目，学生能够在协作中体验到团队的力量。在项目的设计中,要注重任务的分工、沟通协调机制等,以培养学生在团队中合理发挥个体优势的能力。

3. 团队协作与领导力的结合

团队协作精神的培养应与领导力的结合相统一。在团队协作项目中,学生有机会既担任领导者,也能够扮演团队成员的角色。通过轮流担任领导者,学生能够更全面地了解领导和团队成员的责任与角色,培养适应不同角色的能力。

二、实践育人共同体的定义与构建目标

(一)有机整合的教育体系

1. 共同体概念的引入

实践育人共同体的构建首先涉及对共同体概念的引入。共同体不仅是学校内部的概念,更是一个有机整合的教育体系。这一概念的引入意味着超越传统的学科边界,将学校、家庭、社会等多方资源进行整合,形成一个有机互动的教育共同体。

2. 学校内部教育资源的整合

在构建实践育人共同体时,学校内部的教育资源应得到充分整合。这包括各学科的教学资源、校园文化建设、学科交叉合作等方面。通过整合学校内部资源,可以更好地满足学生全面素质发展的需求,使学校成为实践育人的有效平台。

3. 家庭参与的强化

实践育人共同体的构建不仅要注重学校内部资源的整合,还需要强化家庭的参与。家庭是学生成长的第一社会环境,通过引导家长参与实践活动,促使家庭与学校、社会形成良性互动。这既能够增强家庭教育的实效性,也能够使学生在家庭中得到更全面的培养。

4. 社会资源的多方整合

实践育人共同体的构建需要多方社会资源的整合,包括企业、社会组织、专业人才等。建立学校与社会的紧密联系,使社会资源能够成为学校实践育人的重要支持。企业提供实践平台,社会组织提供丰富的实践项目,专业人才为学生提供更广阔的发展视野。

5. 教育体系的运作机制

在构建有机整合的教育体系时,需要建立相应的运作机制。这包括教育资源

的共享机制、合作项目的推进机制、家、校、社三方协同机制等。通过建立健全的运作机制，使实践育人共同体能够更有活力、更高效地运作。

6. 跨学科、跨领域的整合

实践育人共同体的建设需要突破传统学科边界，实现跨学科、跨领域的整合。这意味着在教学设计和资源整合中要注重学科之间的关联，通过交叉融合，使学生能够形成更为全面的视野和思维方式。

7. 共同体的文化建设

共同体的建设不仅是资源的整合，更是一种文化的建设。这包括共同体的核心价值观、共同的教育理念等。通过明确共同体的文化建设目标，使共同体内的成员能够在共同的文化氛围中共同成长，形成共同的认知和理念。

8. 成员间的互动机制

在实践育人共同体中，成员之间的互动机制至关重要。这包括师生之间的互动、家校之间的互动、学校与社会之间的互动。通过建立积极的互动机制，形成信息共享、资源互助的格局，使整个共同体能够更好地发挥其教育功能。

（二）树立正确的世界观、人生观、价值观

1. 实践活动中的世界观引导

实践育人共同体的目标之一是通过实践活动，促使学生树立正确的世界观。在实践中，学生能够面对真实的社会问题，通过亲身经历形成对世界的认知。教育者应引导学生通过实践活动深入理解世界的多样性，培养开放包容的世界观。

2. 人生观塑造的实践机会

实践育人共同体构建的目标之一是通过实践活动塑造学生的人生观。在参与实践项目的过程中，学生将面对各种人生问题和选择，教育者应通过实践机会引导学生思考人生的意义、目标和发展方向，形成积极向上的人生观。

3. 价值观引导的实际操作

实践育人共同体的目标还包括通过实践活动引导学生形成正确的价值观。在实践中，学生将接触到各种社会价值观，通过教育者的引导，能够深入思考并形成积极向上的个人价值观。教育者可以通过实际操作中的伦理道德教育、公益活动等方式，引导学生认识到社会价值的多元性，使其在实践中逐渐形成积极向上的价值观。

4. 实践活动中的价值观冲突处理

实践育人共同体的建设还需要处理实践活动中可能出现的价值观冲突。在多

元文化和多元价值观的社会背景下,学生在实践中可能会面临不同的价值选择。通过教育者的引导和组织,学生能够学会尊重他人的观点,处理和调解可能出现的价值观冲突,形成包容性的价值观念。

5. 共同体文化对价值观的影响

实践育人共同体的文化建设对学生成长过程中的价值观形成有深远的影响。通过共同体文化的塑造,学生能够在共同的教育理念、核心价值观中接受熏陶,形成共同的认知基础,从而对个体的世界观、人生观、价值观产生积极的影响。

6. 跨文化体验对世界观、人生观、价值观的拓展

在实践育人共同体中,可以通过组织跨文化体验活动来拓展学生的世界观、人生观、价值观。这些体验活动可以包括参观不同文化的社区、参与国际交流项目等。通过跨文化的互动,学生能够更全面地了解世界,形成更为开放和包容的世界观、人生观、价值观。

(三)形成积极向上的品格和行为习惯

1. 实践活动中的品格培养

实践育人共同体的目标之一是通过实践活动使学生形成积极向上的品格。在实践中,学生面对各种情境,品格的培养成为实践育人的重要内容。教育者通过组织各类实践项目,培养学生坚韧不拔、勇于创新、团队协作等积极品格。

2. 实际操作中的行为习惯养成

实践育人共同体的建设还包括通过实际操作培养学生良好的行为习惯。在参与社会实践、团队协作项目等活动中,学生将逐渐养成遵纪守法、积极向上的行为习惯。这不仅影响学生在学校生活中的表现,更会对未来社会生活产生积极的影响。

3. 实践项目中的自主学习与自我管理

在实践项目中,学生需要进行自主学习和自我管理。这有助于培养学生的自主性、责任心和组织协调能力。通过实践活动,学生将学会有效地规划时间、合理安排任务,形成积极向上的学习和工作习惯。

4. 家庭和社会的正向引导

实践育人共同体构建还需家庭和社会的正向引导。家庭是学生品格和行为习惯的第一社会环境,通过家庭的正面榜样和引导,学生能够更好地形成积极向上的品格和行为习惯。同时,社会也是学生行为习惯养成的重要影响因素,通过社会的正面引导,学生能够更好地适应社会规范。

5. 个体差异的尊重与引导

在共同体建设中，要注重个体差异的尊重与引导。不同学生在品格和行为习惯的培养过程中可能存在差异，教育者应根据学生的个体特点进行有针对性的引导，使每个学生在共同体中都能够发展出积极向上的品格和行为习惯。

三、指导思政课一体化实践育人的理念

（一）紧密结合时代特点

1. 理念背景

指导思政课一体化实践育人的理念应该紧密结合时代特点，这是因为教育理念的发展与社会的变迁密切相关。当前社会不断发生着科技、经济、文化等方面的变革，教育应当关注并回应这些变革。思政课作为培养学生思想品德和综合素质的重要环节，需要紧密结合时代特点，使其更具现实意义。

2. 引导学生认识时代背景

在实践育人的过程中，首先要引导学生深入理解时代背景。通过深入分析社会变革的原因和影响，使学生对当前社会问题有更深层次的认识。这有助于拓宽学生的视野，使其在实际操作中更具前瞻性和指导性。

（二）培养学生的创新能力和实际应用能力

1. 创新能力培养

在理念上，思政课一体化实践育人应注重培养学生的创新能力。创新是时代发展的动力之一，学生在实践中培养创新思维对其未来发展至关重要。通过引入具有创新性的实践活动，思政课能够激发学生的创造潜能，使其在解决实际问题时具备创造性思维。

2. 实际应用能力提升

在理念上应注重培养学生的实际应用能力。理论知识的实际应用是培养综合素质的关键环节。通过实践活动，学生有机会将抽象的理论知识转化为实际行动，提高解决实际问题的能力。这种能力的培养不仅使学生在工作中更具竞争力，也使思政课在实践中更具体化、更有实质性的意义。

在实践育人的理念中，紧密结合时代特点，注重培养学生的创新和实际应用能力，有助于提高思政课的针对性和实际效果。这种理念的贯彻将使思政课更好地服务于学生的全面发展，更好地适应社会的发展需求。

第二节　大中小学思政课一体化实践育人建设的着力点

一、一体化实践的核心内容与特点

（一）核心内容的有机整合

一体化实践的核心内容在于将思政课程与学科知识有机整合，实现课程内容的互通有无。这包括将传统思政课中的理论知识与具体学科相结合，使学生在实际问题中能够更好地理解和应用所学知识。

在一体化实践中。

首先要实现的是思政课程中的理论知识与学科知识的深度渗透。教师可以通过系统的课程设计，将思政课程的核心理论融入相关学科中。例如，在历史课程中，通过讲解马克思主义的历史唯物主义观点，引导学生深刻认识历史事件的社会经济原因。这样的有机整合使学生在学科学习中既能够获取具体的知识，又能够理解其背后的思政理论支撑。

其次，为了更好地实现有机整合，可以引入项目式学习的方法。通过设计具体的实践项目，将跨学科的实际问题融入思政课程和其他学科中。例如，可以设计一个以社会问题为主题的综合性项目，要求学生在团队协作中运用思政课程中的理论知识解决实际问题。这样的项目既能够横向贯通不同学科，又能够纵向整合思政课程中的理论要点。

再次，为了促使学生在解决实际问题的过程中能够有机整合学科知识，可以采用案例研究与小组合作的形式。通过真实案例的分析，学生既能够运用学科知识解决问题，又能够结合思政课程的理论进行深层次的思考。小组合作可以促使学生在团队中分享专业知识，形成更为综合的解决方案。

最后，一体化实践的目标是实现知识的有机融合。通过综合性的实践项目、案例研究和小组合作，学生在解决问题的过程中不仅能够理解思政课程中的理论知识，还能够运用其他学科的专业知识。这样的有机整合使学生具备更为全面的知识结构，能更好地应对复杂的实际问题。

通过以上层层递进的设计，核心内容的有机整合旨在培养学生综合运用知识的能力，使其既能够理解思政课程的理论，又能够在实际问题中灵活运用学科知识，实现知识的深度融合。这种整合不仅有助于提高学生的学科综合素养，还有助于提升思政课程的实际效果，为学生的全面发展提供有力支撑。

（二）实际操作与理论学习相结合

一体化实践注重实际操作与理论学习的有机结合。通过实际操作，学生能够更深刻地理解和体验理论知识，提高实际动手能力。在思政教育中，教师可以设计具体的实践活动，如社会调查、实地考察等，让学生亲身参与并运用理论知识解决问题。

1. 实践活动的设计

在一体化实践中，实践活动的设计是至关重要的，尤其需要充分考虑思政教育的核心理论，以确保活动既能引导学生进行深入思考，又能促使他们进行实际动手操作。以下以经济学课程为例，介绍一个具体的实践活动设计——实地考察当地产业结构。

在这个实践活动中，学生将有机会亲身参与产业结构的实地考察。这种设计不仅让学生在实践中获得直观的经济体验，也将理论知识与实际操作巧妙结合，使学生能够更全面地理解和应用所学的经济学知识。

首先，实地考察能够提供学生直观感受。通过实地走访和观察，学生将亲身了解当地产业的生产过程、技术水平、用工情况等方面的实际状况。这种亲身体验有助于加深学生对产业现状的理解，激发他们对产业经济的兴趣。

其次，实地考察有助于理论知识的实际运用。学生在活动中将运用所学的经济学理论，分析和解释产业结构的形成原因、优势与劣势等方面的问题。这样的实际运用不仅巩固了理论知识，还培养了学生对理论知识实际操作的能力。

最后，实地考察能够培养学生的独立思考和问题解决能力。通过观察产业结构，学生将面临一系列问题，例如如何提升产业竞争力、如何解决产业结构不平衡等。这些问题需要学生进行深入思考和分析，培养了他们独立思考和解决实际问题的能力。

这一实践活动的设计旨在通过实地考察产业结构，使学生在实践中深入了解经济学理论，并培养其独立思考和解决问题的能力。这种将理论与实践有机结合的设计，有助于提升学生的学科素养，使其在综合能力上取得更为全面的提升。

2. 学科知识的贯穿

在进行实践活动时，教师的引导作用至关重要，尤其需要帮助学生将所学的理论知识有机运用到实际操作中。以社会调查为例，学生在这一实践活动中可以通过运用统计学的方法进行数据收集和分析，以更好地理解和应用经济学的相关理论。这种有机结合的实践活动能够使学生逐步领悟学科知识的实用性，具体表现如下。

通过社会调查中的数据收集，学生能够运用统计学的方法对收集到的数据进行整理和分析。这涉及对经济学中统计方法的理解与运用，例如均值、标准差等，帮助学生在实践中理解这些抽象理论的实际运作方式。

实际操作中的数据分析可以使学生更深入地理解相关经济学理论。通过对数据的解读，学生能够发现其中的规律和趋势，进而对所学的理论知识进行具体案例的运用，增强其对理论知识的理解深度。

实际操作过程中的问题和挑战能够激发学生主动学习的积极性。在数据分析中，学生可能会遇到一些实际问题，需要综合运用所学的经济学知识进行解决。这种解决问题的过程不仅培养了学生的实际动手能力，还促使其灵活运用学科知识解决实际问题。

实践活动的有机结合有助于学生对整个学科体系的系统理解。通过将经济学理论运用到社会调查实践中，学生能够看到不同理论间的关联，形成对整个学科的系统认知，而不仅仅是理论知识的零散学习。

3.实际问题的解决

在实践活动的设计中，教师可以有意选择与学科知识相关的实际问题，以激发学生的学科兴趣并培养其实际解决问题的能力。以社会调查为例，学生可能发现某一地区的就业状况存在问题，通过理论学习和实际操作，他们有机会提出解决方案，这样的实践过程不仅加深了学生对经济学理论的理解，更培养了学生独立解决实际问题的能力。

首先，学生在实际问题的发现中能够意识到学科知识的实用性。当他们在社会调查中发现就业状况存在问题时，需要运用所学的经济学知识来解释问题的原因。这个过程促使学生认识到理论知识不仅存在于教材中，更贴近于社会现实，具有解释和解决实际问题的潜力。

其次，通过理论学习，学生可以提出更具体和可操作性的解决方案。例如，他们可以运用经济学理论分析产业结构、用人成本等因素，提出一系列改善就业状况的策略。这个过程锻炼了学生将理论知识应用于实际问题解决的能力，使其逐渐具备运用学科知识解决实际问题的自信心。

再次，解决实际问题的过程能够培养学生的团队协作和沟通能力。在社会调查中，学生可能需要组成小组，共同研究问题、制定方案并进行实地调查。这种团队协作的过程不仅有助于学生从不同角度看待问题，还培养了他们在协作中沟通、合作的技能。

最后，通过实际解决问题的活动，学生能够更深刻地理解学科知识的实际应用。他们不再把学科知识仅仅看作考试的工具，而是将其视为解决实际问题的有效指导。这种实践经验使学生的学科认知更为全面，不仅局限于课堂上的抽象理论，更具有实际应用的深度理解。

4. 实践经验的反思

实践经验的反思是一项至关重要的教学环节，它有助于学生将实际操作中的经验与所学的理论知识进行有机整合，深化对知识的理解。教师在实践活动结束后可以引导学生进行总结和讨论，促使他们对所经历的实践过程进行深刻的思考。

通过反思实践经验，学生能够更全面地认识理论知识的实际应用。在实际操作中，学生可能会面临各种问题和挑战，通过反思这些经验，他们能够更清晰地看到理论知识在实际解决问题中的实用性。例如，在社会调查中，学生可能会发现统计学的方法在数据分析中起到关键作用，这种实践经验使他们对统计学的理论知识有了更为深刻的认识。

反思有助于学生发现理论知识的不足之处，促使其更主动地去学习和探索。在实践中，学生可能会遇到某些问题超出了他们先前学过的理论知识范围，通过反思，他们能够识别出这些知识的盲区。这种发现性学习激发了学生对知识的主动追求，促使他们更深入地探讨相关领域的理论知识。

实践经验的反思有助于培养学生的批判性思维和问题解决能力。通过对实践中所遇到问题的深入思考，学生可以培养批判性思维，更好地分析问题的本质。同时，通过总结经验，学生可以形成问题解决的思维框架，提高他们解决实际问题的能力。例如，在社会调查中，学生可能会面临数据分析中的复杂问题，通过反思这一经验，他们能够逐步培养出对问题的深入剖析和解决的能力。

通过反思实践经验，学生能够更全面地理解学科知识的相关性和连贯性。实践经验的反思过程中，学生能够将零散的理论知识整合成一个完整的认知结构。例如，在解决就业问题的实践中，学生可能会涉及经济学、社会学、统计学等多个学科的知识，通过反思，他们能够将这些知识有机地连接在一起，从而形成更为全面的学科认知。

（三）突破传统学科边界的特点

一体化实践突破传统学科边界的特点在于其创新性和综合性，这种实践活动有助于学生从多个学科角度全面认识问题，培养跨学科思维和解决问题的能力。以下将详细探讨这一特点。

首先，一体化实践活动通过引入跨学科的元素，打破了传统学科的界限。在传统的学科设置中，学生主要专注于特定领域的知识，而一体化实践项目则鼓励学生同时涉足多个学科，形成更为综合和全面的认知结构。以社会调查与报告撰写为例，学生不仅需要关注社会问题的政治方面，还要深入了解其历史渊源、地理分布等多个学科领域的知识，这种综合性的学科视野能够使学生更好地理解问题的多层次性。

其次，一体化实践活动有助于培养学生的跨学科思维。在解决实际问题的过程中，学生需要运用多个学科的知识，将它们有机地结合起来，形成跨学科的解决方案。这种思维方式有助于学生更好地应对复杂、多元化的社会挑战。通过跨学科思维，学生能够更灵活地运用不同学科的工具和方法，提高解决问题的效率和准确性。

再次，一体化实践活动强调问题导向，注重实际问题的全面解决。传统学科教育往往侧重于理论知识的传授，而一体化实践更注重将理论知识应用到解决实际问题中。通过引入社会调查与报告撰写等项目，学生将面对真实世界中的问题，从而在实践中全面发展解决问题的能力。这种全面性的问题解决过程有助于学生形成更为完整和实用的知识结构。

最后，一体化实践活动能够提升学生的综合素养。通过全面了解问题，学生能够培养批判性思维、团队协作和创新等多方面的能力。这样的综合素养不仅在学科上具有深厚的底蕴，更使学生在未来的职业和社会生活中更具竞争力。

二、思政课一体化实践中的关键环节

（一）实践主题的选定

1.确定实践主题的原则

在确定实践主题时，学校应当遵循一系列原则，以确保实践活动能够有效地促进学生对思政课程的全面理解和应用。以下是一些关键的原则。

（1）贴近学科知识的原则

实践主题的首要原则是贴近学科知识。实践活动应该有助于学生更深入地理解和运用思政课程的核心内容。例如，在中学政治课程中，可以选择涉及国家政治制度、社会管理等方面的实践主题，使学生在实际操作中巩固政治理论知识。

（2）引导关注社会现实问题的原则

实践主体应该能够引导学生关注社会现实问题，增强其社会责任感和批判性思维。通过选定贴近学生身边的社会问题作为实践主题，如城市化进程中的社会变革、青少年心理健康等，可以使学生更深刻地认识到思政课程中的理论知识与实际社会问题的关联。

（3）全面培养学生素养的原则

实践主体的选择应该全面培养学生的思想道德素养、学科素养和实际操作能力。主题的设置要有利于学生全面发展，不仅包括对思政课程理论知识的理解，还包括实际操作中的团队协作、创新思维等方面的素养培养。

（4）紧密结合学科实际的原则

实践主题应与学科实际紧密结合，使学生能够在实际操作中更好地理解学科知识。例如，在经济学课程中，可以选择与当地产业发展密切相关的实践主题，让学生通过实地考察深入了解经济学理论在实际产业中的应用。

（5）引导学生积极参与的原则

实践主题的确定要引导学生积极参与，激发其学科学习的兴趣。通过选定有趣味性、有挑战性的实践主题，可以激发学生的好奇心和主动性，提高他们对思政课程的学习积极性。

2.关注学科特点和学生兴趣

在一体化实践中，实践主题的设计应该综合考虑学科特点和学生兴趣，以促使学生更好地理解和应用思政课程的核心理论。以下是一些关键原则。

（1）综合考虑学科特点

学科特点是实践主题设计的重要考量因素之一。在了解学科的本质和核心内容的基础上，可以选择具有代表性的实践主题，以便学生通过实际操作更好地理解学科知识。例如，在历史课中，可以选定与学科核心概念直接相关的历史事件，如政治变革、社会运动等，以便通过实践活动深化学生对历史学科的认知。

（2）注重学生兴趣点

学生兴趣是实践主题设计的另一个重要考虑因素。通过调查学生的兴趣领域和关注点，可以制定更符合他们期望和需求的实践主题。例如，在中学政治课程中，如果学生对当前社会问题更感兴趣，可以选择与社会热点问题相关的实践主题，引导学生通过实际操作深入思考社会和政治现象。

（3）激发学科热情

实践主题的设计应当能够激发学生对学科的热情。通过将实践主题与学科知识有机结合，使学生在实际操作中体验到学科的魅力。例如，在地理学课程中，可以选择有关地理信息技术应用的实践主题，以提高学生对地理学科的兴趣和认知。

（4）提高实践吸引力

实践主题设计要有吸引力，使学生乐于参与。可以选择有趣、有挑战性的实践主题，以调动学生的积极性。例如，在语文课程中，可以设计文学创作或朗诵的实践主题，使学生通过实际表达提高对语文学科的热情。

（二）实践活动的组织和管理

1. 建立科学的管理体系

在一体化实践中，建立科学的管理体系对于实践活动的有序进行至关重要。以下是关于建立科学管理体系的一些建议。

（1）实践指导组的设立

学校可以设立实践指导组，该组织由专业教师和实践经验丰富的人员组成。这个组织的任务包括实践活动的整体规划、指导和管理。通过实践指导组的协同工作，可以确保实践活动与学科知识、思政课程的核心理论紧密结合，使实践更具针对性和教育意义。

（2）详细的实践计划和安排

制订详细的实践计划和安排是科学管理的基础。在计划中应明确实践活动的目标、内容、时间安排、参与人员等关键信息。通过合理的时间分配和任务分工，可以使实践活动在规定时间内高效完成。例如，在实践计划中可以包括对实地考察、社会调查等环节的详细安排，确保每个环节的顺利实施。

（3）教师和学生的任务和责任

科学管理体系要明确教师和学生在实践活动中的任务和责任。教师作为实践活动的组织者和引导者，需要有清晰的教学目标，同时对学生进行有效的指导和激励。学生则要充分认识到实践活动的重要性，积极参与，完成相应任务，培养实际动手能力和解决问题的能力。

2. 教师和学生任务的明确

在实践活动中，明确教师和学生的任务与责任是确保活动有序进行的重要一环。以下是对于教师和学生任务明确的相关建议。

（1）教师任务明确

教师在实践育人中扮演着关键的角色，其任务需要明确以确保实践活动的有效性和学生全面素质的提升。

教师应制定明确的实践目标，包括活动的总体目标和预期效果。这些目标可以涵盖学科知识的应用、思政课程核心理论的实际运用等方面，从而引导学生在实践中更有针对性地运用所学知识。明确的目标有助于确保实践活动与学科知识、思政理论的有机结合，促进学生在实际操作中更好地理解和应用理论。

教师需要详细说明任务要求，包括实践内容、时间安排、团队合作等方面。在活动开始前，清晰的任务要求能够让学生充分了解实践活动的具体要求，提高其参与活动的主动性。通过详细说明任务要求，教师能够在实践活动中引导学生按照预期目标积极参与，确保实践活动的顺利进行。

教师需明确评价标准，确保学生在实践过程中知道自己的表现将如何被评价。通过设定明确的评价标准，学生能够更清晰地了解自己在实践中的优势和不足，激发其竞争力和动力，使其更认真地参与到实践活动中。评价标准的明确性有助于形成公平、公正、激励的评价体系，推动学生在实践中不断提升自身素质。

（2）学生责任明确

学生在实践育人中承担着重要的责任，他们需要认真理解任务目标、积极参与团队合作以及按时完成任务，以确保实践活动的有效展开和个体素质的全面提升。

首先，学生应在活动开始前认真理解教师制定的实践目标。这要求学生对实践活动的整体目标和预期效果有清晰的认识，从而更有针对性地运用学科知识，实现理论与实践的有机结合。通过理解任务目标，学生能更好地明确实践活动的意义和目的，激发积极参与的动力。

其次，学生在实践中通常需要进行团队合作。明确学生在团队中的责任和角色，鼓励他们充分参与合作，培养团队协作精神。团队合作是实践活动中不可或缺的一环，通过清晰地定义学生在团队中的责任和角色，可以有效减少沟通障碍，提高团队效能，培养学生团队协作和沟通的能力。

最后，学生需按照教师的要求和安排，按时完成实践任务。这一要求不仅有助于培养学生的时间管理能力，保证实践活动的有序进行，同时也提升了学生的责任心和执行力。按时完成任务是实践活动有效推进的基础，也是培养学生对于工作和学习具备自律性和执行力的关键环节。

（三）实践成果的评价

1. 多维度的评价体系

实践成果的评价应当构建一个全面、多维度的体系，以综合考量学生在实践中的表现。这一多维度的评价体系涵盖了学科知识、实际操作能力、团队协作等多个方面，旨在更全面地了解学生的整体素养和实践能力。

首先，通过设立学科知识考核环节，评估学生对相关专业领域知识的掌握程度。这有助于确保学生在实践中能够有效运用专业理论，将所学知识转化为实际行动。

其次，实践成果的评价还应包括实际操作能力的评估。这一方面关注学生在实践项目中的具体执行能力，例如技能操作、实验设计等，通过实际的操作环节考查其动手实践的水平。这有助于强化学生的实际动手能力，促使其在实践中能够灵活应对各种情境。

此外，团队协作是实践活动中不可忽视的一个重要方面。因此，评价体系中需要设立团队协作评价环节，以考查学生在团队合作中的表现。通过评估其沟通协调能力、领导力、问题解决能力等方面，确保学生具备在团队中协作的良好素养，促进整体团队的共同进步。

多维度的评价体系有助于深入挖掘学生在实践中的潜力，更全面地了解其个体差异和整体表现。通过学科知识、实际操作和团队协作等多方面的考核，实践成果的评价体系能够为学生提供更为全面的发展指导，促使其在实践活动中实现全面素质的提升。这样的评价体系不仅有利于学生个体的发展，也有助于实践项目整体效果的提升，为培养具备综合素养的人才奠定坚实基础。

2. 强调优点和不足的发现

在实践成果的评价过程中，强调发现学生的优点和不足至关重要。这一评价策略有助于全面了解学生在实践中的表现，并为其提供更有针对性的指导和支持。

通过突出学生在实践中的优点，可以激发他们更好地发挥自身优势。这有助于树立学生的自信心，增强其对实践活动的积极性。例如，如果学生在团队协作中表现出色，可以通过表扬其良好的沟通协调能力、团队领导力等方面的优点，鼓励其在未来的实践中更进一步。

通过指出学生在实践中存在的不足，可以引导他们进行深刻的反思和改进。这有助于促使学生认识到自身存在的问题，并在下一阶段的实践活动中加以改善。例如，如果学生在实际操作能力上有所欠缺，评价过程可以明确指出，并提供相应的建议和培训机会，帮助其提高实际动手的水平。这种精准的评价有助于学生更有针对性地进行个人能力的提升。

学校可以通过多种方式开展这一评价过程，包括学生撰写实践报告、进行实践总结、进行同学互评等。通过这些途径，学校能够全面了解学生在实践中的优势和不足，为个性化的成长提供有效的反馈。通过强调优点和不足的发现，评价体系将更具有启发性和引导性，不仅能够激发学生的积极性，同时也能够在学生中形成自我学习和提高的良性循环。这样的评价方法有助于实现实践育人目标的更全面、深入地实现。

第三节　大中小学中华优秀传统文化教学资源与载体的一体化建设

一、传统文化资源的整合与开发

（一）古籍文献的整理与利用

古籍文献是中华优秀传统文化的重要载体，它包含了历史、文学、哲学、艺术等方面丰富的知识。学校应加强对古籍文献的整理与利用，通过现代技术手段对古籍进行数字化处理，方便师生查阅和学习。古籍文献的整理与利用是文化传承的基本手段，而整合后的古籍文献则是教育教学的重要资源。

首先，学校应建立数字化古籍文献库，将经典古籍进行数字化处理，并提供在线查阅功能。这样，不仅可以保护珍贵的古籍文献，还可以方便学生随时随地进行学习。同时，学校可以通过数字化平台发布相关的学习资料和研究成果，促进师生之间的交流与互动。数字化文献库的建立不仅方便了教学，也为古籍的保护和传承提供了现代化的解决方案。例如，将《四库全书》《资治通鉴》等古籍数字化，不仅可以保存这些文化瑰宝，还可以通过关键词检索等功能，提高师生查阅和研究的效率。

其次，学校应编写适合不同年龄段学生的古籍读本，使学生易于理解和接受古籍文献的内容。通过对经典古籍的选编和注释，可以帮助学生更好地理解古籍中的文化内涵和历史背景，提高他们的阅读兴趣和学习效果。编写过程中，应注重结合现代语言和表达方式，使古籍文献在保持原汁原味的基础上，更加贴近学生的认知水平和接受能力。例如，针对小学阶段的学生，可以编写《论语》选读本，选取浅显易懂的语句，并配以生动有趣的插图和注释；针对中学生，可以编写《史记》选读本，选取具有故事性的篇章，并配以详细的历史背景介绍和人物分析。

（二）传统艺术资源的挖掘与展示

传统艺术是中华文化的重要组成部分，包括书法、绘画、音乐、戏曲等。学校应充分挖掘和展示这些传统艺术资源，举办多种形式的教学活动，使学生深入了解和体验传统艺术的魅力。传统艺术资源的挖掘与展示，不仅是传承文化的途径，也是培养学生艺术素养和审美能力的重要手段。

学校可以邀请传统艺术家和专家来校举办讲座和演示，向学生展示传统艺术的技艺和文化内涵。例如，可以邀请书法家进行书法创作表演，介绍书法的历史和技法；邀请画家讲解中国画的艺术特点和创作过程；邀请戏曲演员演示经典戏曲片段，讲解戏曲的表演艺术和文化背景。这些讲座和演示活动，不仅可以开阔学生的视野，还可以激发他们对传统艺术的兴趣和热爱。例如，在书法创作表演中，书法家可以现场书写并解释笔法、字形的奥妙，让学生亲眼目睹书法艺术的魅力；在戏曲表演中，演员可以穿戴传统戏服、化妆登台表演，让学生感受到戏曲艺术的独特魅力。

学校可以组织学生参加传统艺术的实践活动，让他们亲身体验传统艺术的创作过程。例如，可以开设书法、绘画、音乐、戏曲等课程，让学生在专业老师的指导下进行创作实践，培养他们的艺术素养和审美能力。这些实践活动，不仅可以提高学生的动手能力，还可以增强他们的文化自信心。例如，在书法课程中，学生可以学习基本的书法技法，如执笔、运笔、构字等，通过不断练习，掌握书法的基本技巧；在绘画课程中，学生可以学习中国画的基本技法，如勾线、染色、渲染等，通过创作实践，体会中国画的艺术特点和文化内涵。

（三）历史遗迹和文化景点的教育价值

历史遗迹和文化景点是传统文化的重要实物载体，具有丰富的教育价值。学校应充分利用本地的历史遗迹和文化景点，组织学生进行实地考察和学习，使他们在亲身体验中感受传统文化的魅力。历史遗迹和文化景点的教育价值，不仅在于知识的传授，更在于历史感和文化认同感的培养。

首先，学校可以组织学生参观历史博物馆和文化遗产地，现场讲解和展示能够使学生直观了解历史遗迹和文化景点的历史背景和文化内涵。例如，参观古代建筑、文物展览、历史博物馆等，了解古代社会的生活方式和文化传统。这些实地考察活动，不仅可以增强学生对历史的认同感，还可以提高他们的学习兴趣和动手能力。例如，在参观古代建筑时，学生可以观察建筑的结构和装饰，了解其历史背景和文化内涵；在参观文物展览时，学生可以通过实物展示，了解古代社会的生产生活方式和科技水平。

其次，学校可以结合历史遗迹和文化景点，设计丰富多样的教育活动。例如，组织学生进行实地调研和考察，撰写调研报告和学习心得；举行角色扮演和情景模拟活动，让学生亲身体验历史情境，增强他们的历史和文化认同感。这些教育活动，不仅可以提高学生的动手能力，还可以增强他们的文化自信心。例如，在实地调研活动中，学生可以分组进行调查研究，收集和整理相关资料，撰写调研报告和学习心得，通过实地考察和研究，深入了解历史遗迹和文化景点的历史背景和文化内涵；在角色扮演和情景模拟活动中，学生可以扮演历史人物，体验他们的生活和工作场景，通过亲身体验和感受，加深对历史的理解和认识。

（四）民间文化与地方特色资源的整合

民间文化与地方特色资源是中华优秀传统文化的重要组成部分，具有独特的地域性和多样性。学校应充分整合和利用这些资源，开展丰富多彩的教学活动，使学生深入了解和体验民间文化的魅力。民间文化与地方特色资源的整合，不仅是文化传承的途径，也是学生文化素养和认同感培养的重要手段。

学校可以通过与地方文化机构和民间艺人合作，引进具有地方特色的民间文化资源。例如，邀请民间艺人到校进行技艺展示和传授，如剪纸、皮影、泥塑等，让学生亲身体验民间艺术的制作过程，感受民间文化的独特魅力。这些展示和传授活动，不仅可以开阔学生的视野，还可以激发他们对民间文化的兴趣和热爱。例如，在剪纸技艺展示中，民间艺人可以现场剪纸，展示剪纸的基本技法和艺术特点，让学生亲身感受剪纸艺术的魅力；在泥塑技艺展示中，民间艺人可以现场捏制泥塑，展示泥塑的基本技法和艺术特点，让学生亲身感受泥塑艺术的魅力。

学校可以组织学生开展地方文化的调研和研究活动，深入了解本地的民间文化和传统习俗。例如,可以组织学生走访民间艺人,参观地方文化馆,收集整理地方文化资料,撰写研究报告和文化传承计划。这些调研和研究活动,不仅可以提高学生的动手能力,还可以增强他们的文化自信心。例如,在调研活动中,学生可以分组进行调查研究,收集和整理相关资料,撰写调研报告和文化传承计划,通过实地考察和研究,深入了解本地的民间传统文化习俗的历史背景和文化内涵;在研究活动中,学生可以通过查阅文献资料、进行实地调研,深入了解本地的民间文化和传统习俗的历史背景和文化内涵,撰写研究报告和文化传承计划,提出保护和传承本地民间传统文化习俗的建议和对策。

二、教学载体的创新与多样化

(一)线上线下结合的教学方式

1. 在线平台的教学内容丰富性与传播渠道拓展

在线平台作为传统文化教学的重要工具,为学校提供了广泛而灵活的传播渠道,其教学内容丰富性和全球传播的特点对于传统文化的推广和普及具有显著的意义。

通过在线平台,学校可以发布丰富多样的教学内容,包括但不限于教学视频、网络直播等形式。这样的多媒体内容不仅提供了生动直观的传统文化教学材料,也克服了传统教室教学的时空限制,使学生能够随时随地进行学习。在线平台所呈现的教学内容丰富多彩,既包括传统文化的理论知识,也涉及实践技能和文化体验,使学生在学习中能够更全面地了解传统文化的内涵。

线上教学平台的运用有助于拓展传统文化教育的传播渠道。学校通过在线平台可以实现全球范围内的传播,使传统文化的教育不再受限于地域和场地。这种全球传播的方式有助于推动中华优秀传统文化在国际上的认知与传播,促进中外文化之间的交流与融合。学校可以通过构建英语、西班牙语等多语言版本的在线平台,更好地服务国际学生群体,使更多的人受益于传统文化的教育。

2. 虚拟实境技术在传统文化教学中的应用

虚拟实境技术作为一种先进的教学手段,在传统文化教学中展现出巨大的应用潜力。通过引入虚拟实境技术,学校可以为学生创造更为生动、具体的传统文化学习体验,进一步提升学习的趣味性和深度。

首先,虚拟实境技术可以通过模拟传统文化的场景,使学生仿佛置身于实际的历史环境中。例如,学生可以通过虚拟现实设备漫步于古代建筑,如古老的庙宇、皇宫等，感受建筑的雄伟和历史的沉淀。这种身临其境的感觉使学生更加直观地理解传统文化，增强了他们对传统文化的兴趣和认知。

其次，虚拟实境技术还可以为学生呈现传统节庆的盛大场面。通过虚拟现实的技术，学生可以参与到传统的庙会、舞龙舞狮等活动中，亲身感受传统文化节庆的热闹氛围。这样的体验不仅使学生对传统文化有更加深刻的了解，也激发了他们对文化传统的情感共鸣。

在教学中，学校可以结合课程内容，设计虚拟实境体验项目，使学生能够在虚拟的环境中进行互动式学习。通过这种方式，学生不再只是被动地接受知识，而是能够积极参与其中，深入体验和感知传统文化的方方面面。

虚拟实境技术在传统文化教学中的应用为学生提供了更为丰富、沉浸式的学习体验。这种创新的教学手段不仅拓展了传统文化教育的形式，也为学生打开了一扇更为直观深入了解传统文化的窗口。

3. 传统文化实地体验活动的丰富性

在传统文化教学中，线下实地体验活动为学生提供了丰富的学习机会，通过参与这些活动，学生能够深入感受传统文化的魅力，从而更好地理解和体验传统文化的内涵。

学校可以组织学生参观博物馆。博物馆通常收藏着大量的文物和历史遗迹，通过亲身参观，学生能够看到传统文化的实物展示，了解古代文明的发展历程。博物馆不仅是知识的仓库，更是一个历史的见证者。通过实地参观，学生能够更加直观地感受到传统文化的丰富多彩。

学校还可以安排传统手工艺制作的实地体验活动。例如，学生可以参与到传统书法、剪纸、陶艺等手工艺制作中，亲自动手制作传统手工艺品。这样的实践活动不仅培养了学生的实际操作能力，还让他们亲身体验传统文化的艺术之美，激发了对传统手工艺的兴趣。

通过这些实地体验活动，学生不再只是通过课本和图片了解传统文化，而是亲身参与其中，深刻感受到传统文化的魅力。这种亲身体验使得传统文化不再是一种抽象的概念，而是变得更为具体和生动，进一步激发了学生对传统文化的热爱和兴趣。整合这些实地体验活动到思政课程中，不仅使学生的学习更加贴近实际，也提高了他们的学习积极性和深度。

4. 线上线下相结合的灵活多样性

线上线下相结合的教学方式为传统文化教育提供了灵活多样的途径，不仅在教学内容上更具多元性，同时更好地适应了学生的学习需求和实际情境，从而提高了教育的实际效果。

通过线上教学平台，学校能够提供丰富多样的教学内容。通过在线视频、网络直播等形式，学生可以随时随地获取传统文化课程，不再受制于时间和地点的限制。这种形式的教学内容不仅包括理论知识的传递，还可以通过多媒体手段呈现传统文化的各个方面，使学生在学习的过程中更具趣味性。

线下实地体验活动为学生提供了更为真实和直观的学习体验。通过博物馆参观、传统手工艺制作等实地活动，学生能够亲身感受传统文化的魅力。这种线下实践的方式使得学习更加具体化，学生在实际场景中更容易理解和融入传统文化。

这种线上线下相结合的灵活多样性，不仅满足了学生个性化学习的需求，也为学校提供了更广泛的传播渠道。学生可以根据自身情况选择合适的学习方式，既能通过线上形式系统学习传统文化知识，也能通过线下实地体验更深入地感受文化的内涵。这样的多元化教学模式有助于提高学生对传统文化的兴趣，促进他们更深层次地学习和思考。

（二）文化体验活动的设计

1. 传统文化表演的趣味性和参与性

学校在传统文化教育中可以通过设计各类文化体验活动，其中包括传统戏曲表演、舞蹈表演等，以提高学生对传统文化的趣味性和参与性。这些活动通过参与式学习，使学生更加深入地了解传统文化的独特魅力，激发他们对文化表演的兴趣和理解。

例如，学校可以组织传统戏曲表演，让学生参与其中。通过学生们的参与，他们将亲身体验到传统戏曲的表演技艺，理解古老文化的演艺形式。例如，学生可以扮演传统戏曲中的角色，学习表演技巧，感受戏曲的独特魅力。这种参与式表演不仅提高了学生的趣味性，也促使他们更深刻地理解传统文化。

通过舞蹈表演的方式，学校也可以增强学生对传统文化的参与性。学生可以学习传统舞蹈的动作和舞姿，参与编排表演。这样的活动使学生在实践中感受传统文化的韵味，培养了他们对舞蹈表演的兴趣和理解。通过学生的身体力行，使传统文化得以传承和发展。

这种趣味性和参与性的传统文化表演活动，不仅可以激发学生对传统文化的浓厚兴趣，也有助于传统文化的传承与创新。通过参与式的学习方式，学生更容易将理论知识与实践相结合，形成对传统文化更为深刻的认知。这样的文化表演活动既是学习的形式，也是一种文化的传承方式，为学生提供了更加生动和立体的传统文化教育体验。

2. 参观传统文化展览与文化节庆

学校在设计文化体验活动时，可以精心安排学生参观传统文化展览和参与文化节庆等形式。这样的活动不仅使学生在亲身参与中获得知识，还能够拓宽学生的视野，感受文化传承的庄重和丰富。通过与传统文化相关的各类文化体验活动，学校可以创设更加活跃、有趣的文化氛围，提升学生对传统文化的喜爱程度。

学生参观传统文化展览是一种直观的学习方式，可以通过展览中的文物、图片、文字等多种展示形式，让学生近距离了解传统文化的发展历程、演变脉络。例如，学生可以参观中国传统绘画、书法、工艺品等的展览，通过观摩艺术品，深入了解中国传统文化的独特魅力。这种展览活动为学生提供了一个沉浸式的学习环境，激发了他们对传统文化的好奇心和兴趣。

此外，学校还可以组织学生参与传统文化的文化节庆活动。这样的活动通常包括传统节庆庙会、民俗表演、传统习俗体验等。学生可以在这些文化节庆中亲身感受传统文化的独特氛围，参与其中的庆典活动，体验传统文化的生活场景。例如，学生可以参与元宵节灯笼制作、中秋赏月活动等，使传统文化融入他们的日常生活中。

通过这些文化体验活动，学校能够更全面地传授传统文化知识，同时培养学生对传统文化的热爱和理解。学生在参与这些有趣而富有文化底蕴的活动中，将更容易对传统文化产生浓厚的兴趣，形成对文化传承的深刻认识。这样的学习方式既拓宽了学生的文化视野，也让他们在欣赏传统文化的过程中更好地融入其中。

3. 传统文化实践活动的深化

学校在文化体验活动中设计传统文化实践活动，旨在更深入地培养学生对传统文化的理解，并提高其实际操作能力。这些实践活动涉及古代服饰制作、古典舞蹈表演等，通过这些具体的实践过程，学生能够更全面地感受和学习传统文化。

其中，古代服饰制作是一种具有实际性的传统文化实践活动。学校可以组织学生学习传统服饰的制作工艺和设计理念，通过亲自动手完成服饰的制作过程，使学生深入了解古代服饰的文化内涵。这样的实践活动不仅激发了学生的手工技能，更让他们在实际操作中领略传统服饰的美丽和独特之处。

另外，古典舞蹈表演是传统文化实践中的另一个重要方面。学校可以组织学生学习传统古典舞蹈的基本动作和舞蹈编排，通过实际演练，让学生感受舞蹈所蕴含的文化情感和历史故事。这样的实践活动不仅培养了学生的身体协调能力，也让他们亲身体验传统文化中的舞蹈之美。

通过这些传统文化实践活动，学校旨在在学科知识的传授基础上，通过亲身实践激发学生的兴趣和创造力。这样的深化实践活动既让学生更好地融入传统文化的精髓，又培养了他们的实际操作技能和审美情感。这对于全面推进传统文化的教育目标，培养具备传统文化素养的学生具有积极的推动作用。

4.实践活动对学生素质的全面提升

传统文化实践活动的设计对学生的全面素质提升具有显著的影响。其中，学生参与传统手工艺制作是一种富有代表性的实践活动，它不仅强调了学生的动手能力，还深化了对传统文化的理解，对学生的素质提升起到了积极作用。

首先，通过参与传统手工艺制作，学生在实际操作中得到了动手的锻炼。他们需要亲自体验传统工艺技能，如传统绘画、刺绣、陶艺等，这些活动促使学生培养了耐心、细致和动手能力，有助于提升他们的实际动手水平。

其次，传统手工艺制作的实践活动促使学生更深入地了解传统文化的精髓。在参与制作的过程中，学生需要了解传统手工艺的历史渊源、文化内涵以及传承发展的脉络。这有助于拓宽学生的文化视野，培养他们对传统文化的深层次认识。

最后，通过实际参与传统手工艺制作，学生能够将抽象的理论知识转化为具体的实际操作技能。这种转化过程不仅提高了学生的实际动手水平，还有助于将所学的传统文化知识内化为自己的实际能力，实现了理论与实践的有机结合。

因此，传统文化实践活动，特别是传统手工艺制作，对学生的全面素质提升起到了推动作用。这种实践活动既锻炼了学生的动手能力，又深化了他们对传统文化的理解，为学生在实际生活中更好地传承和弘扬传统文化奠定了基础。

第九章 中华优秀传统文化大中小学一体化实践育人的发展趋势与展望

第一节 中华优秀传统文化大中小学一体化实践育人的当下与未来发展趋势

一、当前实践育人的特点与趋势

（一）实践育人的核心理念

1. 实践育人的教育理念演变

在当代教育体系中，实践育人理念逐渐崭露头角，成为一种核心的教育理念。相对于传统的纸上谈兵的教学方式，学校教育正经历着一场变革，强调培养学生实际动手能力的理念逐渐占据主导地位。这一变革不仅反映了社会对综合素质人才的迫切需求，也标志着实践活动在教育中的重要性日益凸显。

传统教育往往偏重于知识的灌输，而忽略了学生在实际操作中培养的能力。然而，社会对综合素质人才的需求日益增长，传统的教学方式难以满足这一需求。因此，实践育人的理念应运而生。学校逐渐认识到，仅仅掌握理论知识远远不足以应对复杂多变的社会现实，学生需要通过实际操作培养实际动手能力，提高解决问题的实际能力。

在这个背景下，实践活动被视为促使学生全面发展的有效途径。学校通过组织各种实践活动，使学生在实际中应用所学知识，培养实际动手能力、社会责任感和团队协作精神。这一理念的核心在于，通过实践，学生能够更深刻地理解和应用所学知识，提高解决实际问题的能力，为未来的社会生活和职业发展打下坚实基础。

实践育人的演变不仅是教育理念的调整，更是对教育目标的重新审视。传教育过于强调知识的传授，而实践育人注重的是学生的全面发展。这一理念的演变反映了教育体系对于培养具备实际动手能力、社会责任感和团队协作精神的综合素质人才的认知转变。通过实际操作，学生在解决问题的过程中逐渐形成对知识的理解，并在实践中培养创新和合作的能力。

2.实践活动的综合教学价值

实践活动作为实践育人核心理念的体现，具有深远的综合教学价值。该理念突出了通过实际动手能力、社会责任感和团队协作精神的培养，使得实践活动不仅是对理论知识的应用，更是学生综合素质的全面锻炼场所。

实践活动在学生学习过程中扮演着不可或缺的角色。通过设计多样化的实践活动，学校为学生提供了更为丰富的学习体验。这些实践活动旨在通过实际操作，促使学生更好地理解和掌握学科知识。与传统的纸上谈兵相比，实践活动使学生在动手实践中更加深入地体验和运用所学内容，从而提高其对知识的实际理解水平。

实践活动不仅关注知识的应用，更着眼于培养学生的实际解决问题的能力。通过参与实际活动，学生将理论知识转化为实际技能，从而提高解决实际问题的能力。这种知行合一的教学方式有助于学生更好地适应未来的职业和社会挑战，使他们不仅是知识的传递者，更是问题的解决者。

另外，实践活动还有助于培养学生的社会责任感和团队协作精神。在实际动手的过程中，学生需要与他人合作，共同完成任务。这种团队协作的经验不仅提升了学生的团队精神，更培养了他们的社会责任感。通过参与社会实践、公益活动等，学生能够更好地理解自己在社会中的角色，增强对社会责任的认知。

（二）传统文化在实践育人中的地位

1.传统文化的历史底蕴

中华优秀传统文化以其深厚的历史底蕴和独特的价值观而成为实践育人中不可或缺的重要组成部分。这一文化传承源远流长，蕴含着千百年来中华民族的思想精华和文明传统。

首先，中华优秀传统文化的历史底蕴可追溯至古老的儒家、道家、佛家思想。这些思想体系在漫长的历史中逐渐形成，构建了中华文明的哲学基石。儒家注重仁爱和礼仪，强调个体与社会的关系；道家追求自然和谐，强调顺应自然规律；佛家强调解脱生死之苦，注重心灵的平静。这些思想为实践育人提供了深刻的道德指导，使学生能够更好地理解自己的处境，培养高尚的道德情操。

其次，传统文化在中国历史中的艺术、文学、建筑等方面的丰富表现也为实践育人提供了丰富的资源。古代的诗词歌赋、书法绘画、园林建筑等文化形态展现了中华优秀传统文化的博大精深。通过学习这些传统文化的表达方式，学生不仅能够感受到艺术的美感，还能够培养审美情趣和创造力。

此外，中华优秀传统文化强调的家国情怀也是实践育人中的重要元素。通过学习传统文化，学生更容易形成对祖国的热爱和对社会的责任感。这有助于培养学生的社会责任感，使他们在实际生活中更好地履行公民责任。

中华优秀传统文化因其深厚的历史底蕴和多元的文化形态，为实践育人提供了丰富的资源。通过传统文化的引导，学生在实际动手中能够更好地理解人生道路，培养高尚的道德情操，为其全面发展提供了坚实的文化基础。

2.传统文化元素的融入

学校在实践育人中通过将传统文化元素融入各类实践活动，旨在培养学生的道德情操、社会责任感以及团队协作精神。这一举措不仅使学生更深入地了解传统文化，还为其全面发展提供了独特的学习体验。

在实践活动中引入传统礼仪是其中的重要方面。传统礼仪涵盖了丰富的仪式和礼节，强调人与人之间的尊重和关爱。学校通过组织各种实践活动，例如开学典礼、校园活动等，加入传统礼仪的元素，使学生在实际参与中亲身感受尊重他人、关爱集体的意义。这不仅有助于培养学生的社会责任感，更使他们在成长过程中形成良好的道德习惯。

另外，在实践活动中融入书法绘画等传统文化元素也起到了重要作用。传统的艺术表达方式在中华优秀传统文化中占有重要地位，其独特的审美价值对学生成长过程中的个性发展和情感培养具有积极影响。通过学习和实践书法、绘画等艺术形式，学生不仅提升了审美修养，也培养了对传统文化的兴趣。这样的实践活动不仅激发了学生的创造力，还为其发展多元化的兴趣爱好奠定了基础。

（三）个性化、多元化发展趋势

1.兴趣特点、能力水平的考量

未来实践育人的发展趋势将更加注重个性化、多元化，学校将充分考虑学生的兴趣特点和能力水平，灵活组织传统文化实践活动，为学生提供更具针对性和吸引力的学习体验。

个性化和多元化的发展趋势意味着学校将更加关注每个学生的独特差异。通过深度挖掘学生的兴趣特点，学校可以设计更具吸引力的实践活动，使学生在参与过程中更加投入、积极。例如，对传统音乐感兴趣的学生，可以组织古典音乐演奏活动；对传统绘画有热情的学生，可以提供相关的艺术实践课程。这样的差异化设计有助于激发学生对传统文化的浓厚兴趣，推动他们在实践中深入学习。

同时，考虑到学生的能力水平也是个性化教学的关键因素。学校可以根据学生的学科优势和发展潜力，设置不同难度和深度的传统文化实践项目，以促使学生在实践中更好地发挥自己的潜能。这种个性化的教育方式不仅有助于学生充分发展自身的特长，也为他们提供了更广泛的学科选择和发展路径。

因此，未来学校在实践育人中的关键是深度挖掘和理解学生的兴趣和能力水平，以个性化和多元化的方式组织传统文化实践活动。通过这种方式，学校能够更好地激发学生的学习热情，提高他们的参与度，推动他们在传统文化的实践中实现全面的发展。这也符合现代教育的发展趋势，更好地满足学生多元化的学习需求。

2. 学生在实践中的全面发展

学校在实践育人方面将持续努力，设计多样性的实践活动，旨在使学生在传统文化的传承中，同时涵盖科技、艺术等多个领域，实现更全面的发展。这一综合性的实践活动设计旨在培养学生多方面的素养，使其在传承传统文化的同时能够拓展其他方面的才能，实现全面发展。

学校将注重设计传统文化的传承活动。通过传统文化元素的引导，学生将接触到中华优秀传统文化的深厚底蕴，包括儒家、道家、佛家思想，传统礼仪、艺术等多个方面。这有助于学生更好地理解中国传统文化的丰富性。通过传统文化的传承，学生将培养对传统价值观的认同感，形成独特的文化身份认同，为其全面发展奠定基础。

学校将注重涵盖科技、艺术等多个领域的实践活动。随着社会的不断进步，学生需要具备更广泛的知识和技能。因此，学校将设计结合传统文化的科技实践活动，例如利用虚拟实境技术，使学生身临其境地体验传统文化场景。同时，通过引入艺术实践，如音乐、绘画等，拓展学生的艺术兴趣和审美能力。这样的设计有助于培养学生在不同领域中的多元发展，增强他们的综合素质。

二、传统文化教育在未来发展的机遇与挑战

（一）机遇：社会对综合素质的需求增加

1. 社会需求背景

随着社会的不断发展，对学生全面素质的需求逐渐呈现多层次、多维度的趋

第九章　中华优秀传统文化大中小学一体化实践育人的发展趋势与展望

势。在这一背景下，传统文化教育成为一种丰富的教育资源，为学校提供了更多的发展机遇。社会对学生的期望已经不再仅仅停留在知识层面，而是更加强调培养学生的实际动手能力、社会责任感和团队协作精神。

社会的发展对人才提出了更高的要求，传统的课本知识已经不能满足当代社会对人才的全面素质需求。传统文化教育因其深厚的历史底蕴和独特的价值观，被视为培养学生全面素质的有效途径。通过传统文化的引导，学生得以深入理解人生的道路，培养高尚的道德情操，提升自身的情商和人际交往能力。

在当前社会背景下，实际动手能力、社会责任感和团队协作精神等素养逐渐成为评价学生优劣的关键指标。传统文化中的许多技艺和实践活动，例如书法、绘画、茶道等，被认为是培养学生实际动手能力的有效途径。这些实践活动不仅是对理论知识的应用，更是学生综合素质的锻炼场所。同时，传统文化强调社会责任感和家国情怀，这与当代社会对具有社会责任感的人才的需求高度契合。通过传统文化实践，学校得以培养学生的社会责任感，使其更好地适应社会的复杂环境。

另外，社会对团队协作精神的需求也在不断增加。传统文化实践中，团队协作是不可或缺的一部分，尤其在古代文化活动中更是突出。这与现代社会对团队协作的需求相契合。通过中华优秀传统文化的实践，学校可以培养学生的团队协作精神，使其具备更好的协同工作和团队领导能力。

因此，社会对学生全面素质的需求已经不再是简单的知识传递，而更注重学生实际动手能力、社会责任感和团队协作精神等方面的培养。在这一时代背景下，传统文化教育作为一种综合素质教育的手段，为学校提供了更为广阔的发展空间，有望培养更加全面发展的社会人才。

2.传统文化教育的价值

传统文化的价值观强调道德伦理、家国情怀等，与现代社会对于综合素质人才的需求形成了有益的互动关系。这一教育理念在当今社会背景下具有显著的价值，不仅帮助学生构建积极的人生观，同时满足社会对全面发展人才的日益增长的需求。

通过传统文化教育，学校得以培养学生的道德情操，引导他们在成长过程中形成正确的价值观。传统文化所蕴含的深刻道德理念，如孝道、仁爱、忠诚等，为学生提供了丰富的道德素材。这种道德教育不仅有助于学生树立积极向上的人生态度，更能够激发他们对社会的责任感和对他人的关爱之情。在实践中，学生通过参与传统文化实践活动，能够更直观地感受到这些道德价值观的深刻内涵，使之内化为自身的行为准则。

与此同时，家国情怀作为传统文化的核心价值之一，也在培养学生全面素质方面发挥着积极的作用。通过对中华优秀传统文化的学习，学生更容易产生对祖国的热爱和对传统文化的自豪感。这种家国情怀不仅有助于形成学生的身份认同，更能够激发他们为社会、为国家作出积极贡献的意愿。这种情感认同不仅有助于学生更好地融入社会，还能够为社会培养更具家国情怀的人才。

因此，传统文化教育的价值在于其能够与现代社会的需求相互契合，通过道德情操和家国情怀的培养，为学生提供了更为全面的素质教育。这种教育理念有助于塑造具备高度社会责任感、积极正向价值观的学生，为未来社会的发展培养更具有人文关怀和社会责任感的人才。

（二）挑战：现代社会价值观的多元化

1. 挑战背景

随着现代社会的不断发展，社会结构和价值观呈现出多元化的趋势，个体差异显著增加。这一多元化的社会背景为传统文化教育带来了新的挑战。在这样的背景下，学校必须审慎思考如何在传统文化教育中融合创新，以更好地适应当代学生的认知和需求。

首先，现代社会的多元化导致了不同学生对于价值观的认知存在差异。传统文化强调的道德伦理、家国情怀等价值观，可能与某些学生接受的现代价值观存在冲突。例如，一些学生可能更加注重个人主义和自由，而传统文化中的集体主义和忠诚观念可能与其观念相悖。因此，学校需要在传统文化教育中灵活调整，采取差异化的教学方法，以确保教育内容更好地融入学生的认知体系。

其次，现代社会的个体差异明显，学生的学习兴趣和学科特长各异。传统文化内容较为庞大，如何根据学生的个体差异设计有针对性的教育方案是一个亟待解决的问题。学校应该通过多样化的教学手段，包括但不限于项目化学习、实践活动、线上教育等，满足不同学生的需求，从而激发他们对传统文化的兴趣。

最后，现代社会的信息爆炸和科技创新给学生带来了更广泛的知识获取途径，但也可能使传统文化在学生中的传承受到冲击。学校需要通过融合现代科技手段，如在线教育平台、虚拟实境技术等，使传统文化教育更具现代化，更符合学生的学习方式和习惯。

2. 创新融合的应对策略

为迎合现代社会的多元化需求，学校可以采取创新融合的策略，使传统文化教育更贴合当代社会的多元价值观。这一策略的核心在于将传统文化与创新元素巧妙融合，创造更具吸引力和实用性的传统文化学习体验，以更好地满足学生的需求。

首先，学校可以注重将传统文化与科技领域相结合。通过引入现代科技手段，例如虚拟实境技术、在线互动教学等，学生可以身临其境地体验传统文化场景，增强学习的趣味性和互动性。这种融合不仅提升了传统文化的现代感，也使学生更容易接受和理解传统文化的内涵。

其次，学校可以在传统文化教育中引入创新的艺术元素。例如，通过将传统文学作品与现代艺术形式相结合，创作出富有创意和想象力的艺术作品，激发学生的艺术创造力。这样的创新融合不仅能够使传统文化更具吸引力，也促进了学生在艺术领域的全面发展。

最后，学校还可以借助创新科技手段，将传统文化与实际生活相结合，设计具体的实践活动。例如，通过利用智能化设备，学生可以参与传统文化技艺的实际操作，如书法、茶道等，从而增强他们的实际动手能力。这种创新融合使学生能够在实践中更好地理解和应用传统文化，使传统文化走出"象牙塔"，真正融入他们的日常生活中。

三、大中小学一体化实践育人的前景

（一）前景充满希望

1. 深度融合中华优秀传统文化

大中小学一体化实践育人的前景充满希望，尤其是在深度融合中华优秀传统文化的过程中。通过将传统文化融入实践教育，学校有望培养更具实际动手能力、社会责任感和团队协作精神的学生。这一深度融合的前景不仅对学生的个体发展有着积极的影响，更为整个社会培养了更具创造力和责任心的公民。

在深度融合的过程中，学校可以通过多样化的实践活动将中华优秀传统文化与学科知识相结合，使学生在实际操作中更好地理解和掌握传统文化的内涵。例如，通过实际参与传统文化技艺的传承，如书法、绘画、茶道等，学生可以不仅感受传统文化的独特魅力，同时培养实际动手的能力。这样的深度融合有望让学生在传统文化的引领下，更加全面地发展自己的技能和素养。

与此同时，深度融合中华优秀传统文化还将为学生提供更广泛的视野。通过深入了解中华优秀传统文化的历史底蕴、哲学思想以及艺术表现形式，学生将能

够更好地理解世界的多元性，培养跨文化交流的能力。这有助于打破传统文化与现代社会之间的藩篱，使学生更好地适应当今多元化的社会环境。

深度融合中华优秀传统文化不仅是单一学科的传授，更是通过实践活动使传统文化成为学生全面发展的助推器。学生在参与传统文化实践的过程中，不仅能够增进对传统文化的理解，还能够培养社会责任感和团队协作精神。这对于塑造学生成为更具创造力和责任心的未来社会成员具有积极的意义。

因此，深度融合中华优秀传统文化不仅为学生提供了更为丰富的学科体验，也为他们在实践中全面发展提供了更广阔的空间。这一前景充满希望，有望为学生的全面成长和社会的进步注入新的活力。

2. 培养创造力和责任心

大中小学一体化实践育人的理念不仅是为了学生的个体全面发展，更是为社会培养更具创造力和责任心的公民奠定基础。在这一体系中，传统文化扮演着重要的角色，通过传承中华优秀传统文化的价值观，学校有望激发学生更高层次的社会责任感，培养他们成为更有担当的社会成员。

中华优秀传统文化所蕴含的家国情怀是培养学生责任心的重要元素。通过深入传统文化的学习和实践，学生将能够树立对祖国的深厚感情，培养爱国之情。这种家国情怀不仅是对传统文化的传承，更是对社会责任感的内在涵养。学生在实践中体验传统文化，将逐渐形成对社会的责任心，意识到自己作为社会的一员对社会的使命。

同时，传统文化中注重社会责任感也是塑造学生责任心的关键因素。传统文化倡导个体在社会中的责任与担当，这与当代社会对具有社会责任感的人才的需求高度契合。学校通过将传统文化的实践活动融入教学中，引导学生在团队协作中感悟责任，使他们更好地适应社会的复杂变化。

在实践育人的过程中，学校注重培养学生的实际动手能力，这正是为了培养其创造力。传统文化的实践活动，如书法、绘画等，提供了学生锻炼实际技能和表达个性的平台。通过这些活动，学生不仅能够传承传统文化的技艺，更能够在实践中培养创新思维，形成独立见解。

在实践中培养创造力和责任心是一项复杂而长远的任务，而大中小学一体化实践育人的理念为实现这一目标提供了有力支持。通过深度融合中华优秀传统文化，学校有望培养更具创造力和责任心的公民，为社会的可持续发展奠定坚实的基础。

（二）促使学生更好地适应社会

1. 实际工作所需能力的培养

大中小学一体化实践育人的理念有望培养学生更好的适应社会和未来工作环境的能力。这一目标的实现不仅在于强调道德情操的培养，更重要的是通过深度融合中华优秀传统文化，注重培养学生在实际工作中所需的各项关键能力。传统文化的融入不仅是对传统价值观的传承，更是对实际工作所需技能的培养。

在实践活动中，学生将有机会学习并掌握团队协作的关键技能。传统文化注重集体、家庭和社会的和谐，这与现代工作环境中团队协作的要求高度契合。学校可以通过组织实践活动，引导学生在团队中共同合作，培养他们具备协调、沟通和领导团队的能力。这种团队协作的培养有助于学生更好地适应未来工作中复杂多变的社会环境。

此外，实际工作所需的能力也包括沟通表达等方面。传统文化注重言传身教，讲究语言和表达的艺术。通过参与传统文化的实践活动，学生将能够提升沟通表达的技能，不仅在语言表达上更为灵活自如，而且在人际交往中也更具吸引力。这些能力的培养将使学生更好地适应未来工作环境，更有信心和能力与他人进行有效的沟通合作。

因此，大中小学一体化实践育人通过深度融合中华优秀传统文化，注重培养学生在实际工作中所需的能力，为其提供了更全面的发展平台。这不仅有助于学生更好地适应社会，还为其未来的职业生涯奠定了坚实的基础。通过实际工作所需能力的培养，学校为学生的全面发展提供了更为有力的支持。

2. 培养实际动手能力

在大中小学一体化实践育人的过程中，传统文化的实际应用成为培养学生实际动手能力的关键因素。通过深度融合中华优秀传统文化，学生将通过亲身参与传统文化实践活动，不仅理解文化内涵，更能将这些理论知识转化为实际技能，使其更好地适应未来的职业发展。

传统文化的实际应用旨在将抽象的文化概念具体化，通过实际动手的方式让学生深入体验。例如，学生可以参与书法、绘画、茶道等传统文化实践活动，这些活动既具有文化传承的价值，又能锻炼学生的实际动手能力。在书法实践中，学生需要通过实际操作掌握笔画、结构等技巧，这不仅培养了艺术技能，还提高了学生的专注力和细致性。

这种实际动手能力的培养不仅局限于传统文化的技艺，还包括其他实用技能，例如手工艺制作、烹饪等。通过这些实际活动，学生将能够培养实际动手的能力，使他们更好地适应未来职业生涯的需求。这种培养不仅强调理论知识的学习，更注重学生在实际操作中的技能积累，为其职业发展打下坚实的基础。

因此，大中小学一体化实践育人通过传统文化的实际应用，为学生提供了丰富的实践平台，培养了他们的实际动手能力。这种全面的培养有助于学生更好地适应未来的职业挑战，为其职业生涯的成功奠定了基础。

（三）全面发展的社会主义事业建设者

1. 塑造学生思想道德风貌

在大中小学一体化实践育人的过程中，塑造学生思想道德风貌成为一个至关重要的目标。这一过程旨在培养学生成为全面发展的社会主义事业建设者，而中华优秀传统文化的价值观将成为塑造学生思想道德风貌的重要因素。

通过传统文化的教育，学生将深刻理解儒家、道家、佛家等思想的内涵，接受传统文化所弘扬的道德伦理观念。例如，传统文化注重家国情怀，通过教育引导学生树立正确的人生观和价值观。儒家思想倡导仁爱之道，强调孝道、忠诚、诚实等美德，这些价值观将成为学生成长过程中的重要指导。

通过在实践活动中融入传统文化元素，学生将亲身体验这些价值观的实际意义。例如，在团队协作的实践活动中，学生可以通过传统文化的教育理念培养合作精神，形成互帮互助、共同奋斗的价值观。这有助于建立学生正确的人生观和道德观，使其在日常生活中更好地践行社会主义核心价值观。

因此，大中小学一体化实践育人通过传统文化的教育，致力于培养学生成为德智体美全面发展的社会主义事业建设者。传统文化的价值观将在这一过程中发挥重要作用，塑造学生正确的思想道德风貌，使其在未来成为对社会有益的人才奠定坚实基础。

2. 担当和创新力的培养

在大中小学一体化实践育人的过程中，通过传统文化的融合，学校致力于培养学生成为更有担当和创新力的社会主义事业建设者。这一目标在实践中主要体现在对学生责任心和创新力的培养，旨在使他们能够更加积极地参与社会建设，为社会主义事业的发展贡献力量。

通过传统文化的教育，学生将接触到家国情怀、社会责任感等传统价值观，这有助于激发他们的担当意识。传统文化注重弘扬"忠孝节义"的观念，培养学生对于社会责任的认知和担当的态度。在实际的实践活动中，学校可以通过组织社区服务、环保活动等项目，引导学生将传统文化中的责任理念转化为实际行动，培养他们对社会的积极参与和担当精神。

此外，实践育人注重培养学生的创新能力，传统文化的融合可为此提供丰富的资源。传统文化中包含丰富的思想和智慧，通过对经典文学、典故等的学习，可以培养学生独立思考和创新的能力。同时，学校可以在实践活动中引入创新型的元素，如科技、艺术等，通过跨学科的实践，激发学生对新事物的好奇心和创造力，使他们更好地适应未来社会的快速变化。

大中小学一体化实践育人通过传统文化的融合，着重培养学生的责任心和创新能力。通过实际动手的参与，学生将深刻理解传统文化中的价值观念，将其转化为实际行动，为社会主义事业的发展贡献自己的力量。同时，通过传统文化的启发，学生将更具有独立思考和创新的能力，使他们更好地应对未来社会的挑战。

第二节 中华优秀传统文化大中小学一体化实践育人与现代教育创新发展的关系

一、传统文化与现代教育创新的融合点

（一）价值观的共通性

1. 传统文化价值观与素质教育理念的共通之处

传统文化注重的道德伦理、家国情怀等价值观与现代教育的素质教育理念存在深刻的共通之处。在道德层面上，传统文化强调诚信、孝道等观念，与现代素质教育追求的全面发展、社会责任感相互契合。学校可以通过传统文化元素的巧妙融入，引导学生形成积极向上、正直守信的道德风范，有助于塑造学生的良好品德。

2. 传统文化在培养正确价值观中的作用

通过传统文化的融入，学校能够在教育中强调人与自然的和谐、社会责任感等价值观，帮助学生更好地理解现代社会的复杂性。这种共通性为学生提供了在日常生活中运用这些价值观的机会，从而更好地适应社会环境。

（二）人文精神的培养

1. 传统文化注重人文精神的培养

传统文化强调人文精神，通过文学、艺术等方式传承着丰富的人文传统。与

此同时，现代教育创新也注重培养学生的综合素质，包括情感态度和社交技能等方面。通过传统文化的引导，学校可以在教学中注入更多人文关怀，以培养学生的情感情操和社交技能，使其更好地融入社会。

2.传统文化与现代社会的衔接

学校可以通过传统文化元素的引导，培养学生的审美情感、文学素养，使他们更好地理解和感知现代社会的多元文化。这种跨时空的文化衔接有助于拓宽学生的视野，使其更好地适应现代社会的文化多样性。

（三）跨学科融合

1.跨学科融合的现代教育特点

在现代教育创新中，强调跨学科融合的特点与传统文化的多元性相契合。传统文化包含丰富的历史、文学、艺术等元素，这些元素正好可以与现代教育中的各学科进行有效融合。学校可以在课程设计中巧妙地融入传统文化元素，促使学生能够更全面、多元地理解知识，培养跨学科思维。

2.传统文化与学科知识的结合

通过传统文化的跨学科融合，学校可以为学生提供更具深度和广度的知识体验。例如，在历史课程中融入古代文学作品，或者在艺术课程中引入传统绘画技法，这样的设计有助于激发学生对学科的兴趣，培养他们的综合素养。

二、创新发展中传统文化的引领作用

（一）智慧的传承

1.传统文化中的深刻思考

传统文化蕴含着古圣先贤对人生、社会和伦理的深刻思考。在现代教育创新中，学校有责任通过传承传统文化的智慧，引导学生更好地理解并解决当代社会面临的复杂问题。通过经典文学、哲学著作的学习，学生能够接触到传统文化中对于人性、道德、社会秩序等方面的深度思考，为其建立积极的人生观提供指导。

2.面对社会问题的启示

传统文化的智慧不仅是历史的沉淀，更是对现实社会问题的启示。学校可以通过深度挖掘传统文化的精华，引导学生运用这些智慧来理解和解决当代社会的问题。这样的引导不仅培养了学生对历史文化的尊重，也使他们在面对社会挑战时能够更具智慧地应对。

（二）创新思维的培养

1.独特思维方式的培养

传统文化中蕴含丰富的诗词、典故等元素，培养了人们独特的思维方式。学校在创新发展中可以通过挖掘这些元素，培养学生独到的创新思维。例如，通过古代诗词的学习，学生可以培养出对抽象思维和想象力的敏感性，为创新性的思维提供了独特的视角。

2.解决问题的独到见解

传统文化的思维方式通常是非线性和充满联想力的，为培养学生独到的创新思维提供了契机。学校可以通过设计启发性的教学活动，鼓励学生运用传统文化元素，结合实际感悟，形成独到的见解。这有助于培养学生在解决问题时更具创造性和独立思考的能力。

（三）面向未来的发展

1.传统文化的现代应用

通过创新传承，传统文化可以为现代社会提供宝贵的文化资源。学校可以引导学生深入理解传统文化，并通过创新的方式将其应用于现代社会的发展。例如，借助传统文化的思维方式，学生可以为科技、商业、社会管理等领域提供新的思路和方法。

2.文化底蕴的深刻认识

通过引导学生深入理解传统文化，学校可以培养学生对文化底蕴的深刻认识。这不仅有助于提升学生的文化素养，还使其在未来社会发展中具备更为深刻的文化底蕴。这种深刻认识将使学生在跨文化交流、国际事务中更具竞争力。

在现代教育创新中，通过传承智慧、培养创新思维和面向未来的发展，传统文化发挥着引领作用，为学生提供了更为广泛、深刻的学习体验，推动他们在未来社会中更全面、更有深度地发展。

三、实践育人与社会需求的契合

（一）实际动手能力的培养

1.传统文化中的艺术技艺

传统文化中包含着丰富的艺术技艺，如书法、绘画、剪纸等。通过学习这些技艺，学生不仅能够感受传统文化的独特魅力，也培养了他们实际动手的能力。这种实际动手能力的培养有助于学生在现代社会中更好地适应各类实际工作，为未来的职业生涯奠定基础。

2.传统文化实践的多样性

传统文化实践涵盖了多个领域，包括茶道、书法、瑜伽等，这为学生提供了多样性的实际动手能力培养机会。学校可以设计多样化的实践活动，使学生能够全面发展实际操作技能，从而更好地应对社会的多元需求。

（二）社会责任感的培养

1.传统文化中的家国情怀

传统文化注重培养学生的家国情怀和社会责任感，这与现代社会对具有社会责任感的公民的需求高度契合。通过参与传统文化实践，学生能够深刻体验传统文化中强调的社会责任和对家国的热爱，从而更好地履行自己在社会中的责任。

2.社会实践与义务服务

学校可以通过组织学生参与社会实践和义务服务项目，将传统文化的家国情怀融入实际行动中。这不仅有助于培养学生的社会责任感，还为他们提供了实际应用传统文化价值观的机会，使之更好地服务社会。

（三）团队协作精神的培养

1.古代文化活动的团队性

传统文化实践中的古代文化活动，如舞龙舞狮、传统戏曲表演等，通常具有强烈的团队协作性质。学生通过参与这些活动，不仅能够领略传统文化的精髓，还能够培养团队协作精神。

2.现代社会对团队协作的需求

在现代社会，团队协作精神被认为是一种重要的职业素养。通过学习传统文化实践中的团队协作，学生能够更好地适应未来工作环境，提高协同工作的能力。

第三节 中华优秀传统文化大中小学一体化实践育人的未来展望与发展策略

一、未来发展的战略规划与方向

（一）深化传统文化内涵

1. 传统文化思想的深入挖掘

学校应致力于深入挖掘传统文化的思想内涵，包括儒家、道家、佛家思想等。通过专题讲座、研讨会等形式，引导学生深刻理解这些思想对中华优秀传统文化的贡献，使其在实践中能够融会贯通、灵活运用。

2. 传统文化艺术的全面呈现

传统文化不仅包含丰富的思想，还涵盖了传统艺术，如绘画、音乐、戏曲等。学校可以通过传统文化艺术展览、演出等形式，为学生提供多维度、多层次的传统文化体验，促使其对传统文化的内涵有更全面的认知。

（二）制订多样化实践活动计划

1. 适应性强的课程设计

学校应根据学生的年龄和兴趣差异，制定适应性强的课程设计，使传统文化实践活动更符合学生的认知水平。通过充实的实践活动计划，激发学生的学习兴趣，使其在参与传统文化实践中体验到乐趣。

2. 个性化辅导与指导

为了更好地满足不同学生的需求，学校可以提供个性化的辅导与指导。设立传统文化学习小组，由专业导师进行个别指导，引导学生深入挖掘个人兴趣，从而实现传统文化教育的差异化发展。

（三）师资队伍建设

1. 专业人才引进

学校应加强对传统文化领域专业人才的引进，为学生提供更专业的传统文化教育。这些专业人士可以通过讲座、研讨会等方式，与学校现有教师团队共同提升传统文化教育水平。

2.专业培训机制建设

建立完善的专业培训机制，使教师能够定期参与传统文化领域的培训活动。培训内容包括传统文化的新研究成果、教学方法的创新等，从而不断提高教师对传统文化的理解和传授水平。

（四）推动深度融入

1.调整跨学科课程设置

学校应通过调整课程设置，将传统文化深度融入各学科。设立跨学科课程，促进传统文化与科学、艺术等学科的互动，使学生能够在不同学科中体验到传统文化的魅力。

2.跨年级、跨班级的合作项目

推动跨年级、跨班级的合作项目，促使学生在实际操作中更好地理解传统文化。通过合作项目，学生能够从多个角度感知传统文化，培养跨学科、跨团队的合作意识。

二、中华优秀传统文化在全球化背景下的角色

（一）打造国际影响力的教育品牌

1.国际交流与合作的战略规划

学校可以通过积极推动国际交流与合作，与其他国家的学校建立长期稳定的合作关系。组织中外学生定期进行文化交流活动，使中华优秀传统文化更广泛地为国际学生接受和认同。

2.传统文化在国际学术活动中的突出地位

学校可以组织国际学术研讨会、论坛等活动，邀请国内外专家学者就中华优秀传统文化进行深入研究和交流。通过学术活动的举办，提升学校在国际传统文化研究领域的声誉，使其成为国际学术界关注的焦点。

（二）引进国际化的教学资源

1.国际化课程设置与教材引进

学校可以通过引进国际化的课程设置，融合中华优秀传统文化与国际文化，使传统文化教育更贴近国际学生的认知。同时，引进国际化的教材，使学生在学习中更好地理解中华优秀传统文化的内涵。

2.国际化的师资队伍建设

鼓励教师参与国际学术交流，学习国际先进的传统文化教育理念和方法。引进外籍教师，提供国际学术视角，推动传统文化教育走向国际化。

（三）全球范围内传统文化的传播

1. 举办国际性的文化展览与演出

学校可以组织国际性的传统文化展览、演出等活动，展示中华优秀传统文化的丰富内涵，吸引更多国际学生参与，增进不同文化间的相互理解与尊重。

2. 利用在线平台推动传统文化普及

通过在线教学平台，将中华优秀传统文化的学习资源开放给全球学生。这有助于促使更多国际学生学习和了解中华优秀传统文化，推动中华优秀传统文化在全球范围内的传播。

（四）推动文化对话与交流

1. 国际学生文化交流项目

开展国际学生文化交流项目，通过学生之间的互访、合作项目等形式，促进中华优秀传统文化与其他国家文化之间的对话，增进国际学生对中华优秀传统文化的兴趣。

2. 跨文化交流活动

组织跨文化交流活动，通过座谈会、研讨会、文化体验等方式，促使不同文化背景的学生深入交流，增强对中华优秀传统文化的理解与认同。

三、传统文化与社会主义核心价值观的有机结合

（一）培养家国情怀与社会责任感

1. 传统文化中的家国情怀

在中华优秀传统文化中，深刻体现了对家国的热爱与情怀。通过传承古代文人的诗词、歌颂祖国的经典作品，学校可以引导学生深刻领悟传统文化中蕴含的家国情怀。

2. 社会责任感的培养

传统文化注重个体与社会的关系，教导个体在社会中应承担的责任。通过教育活动，学校可以引导学生从传统文化中汲取社会责任感，使其具备更强烈的社会使命感。

（二）融合传统文化与现代价值观

1. 传统文化与社会主义核心价值观的共通点

分析传统文化中强调的仁爱、和谐、忠孝等核心价值观，与社会主义核心价值观的共通之处。通过对比与结合，让学生理解传统文化是社会主义核心价值观

的有机组成部分。

2.传统文化在社会主义核心价值观的体现

挖掘传统文化中包含的社会公平、法治、民主等观念，引导学生认识这些元素是社会主义核心价值观的基础，同时强调传统文化在社会主义建设中的积极作用。

（三）促进学生全面发展

1.人文关怀与社交技能的培养

通过传统文化教育，注重培养学生的人文关怀与社交技能。传统文化中的礼仪、仁爱等概念，可以成为塑造学生良好品格和人际关系的有效途径，与社会主义核心价值观相辅相成。

2.创新能力与思维方式的培养

将传统文化中的智慧与现代教育的创新理念相结合，培养学生创新能力与独立思考的能力。通过传统文化的引领，学生能够更好地适应新时代对于创新型人才的需求。

四、教育技术与传统文化的深度融合

（一）利用虚拟实境技术提升学习体验

1.虚拟实境技术的引入

学校可引入虚拟实境技术，通过虚拟实境技术等设备，让学生沉浸式地体验传统文化场景。例如，学生可以在虚拟实境中参与传统文化活动，如古代礼仪、绘画、书法等，使学习变得更具趣味性。

2.提升学习的趣味性和互动性

虚拟实境技术为学生提供了身临其境的学习体验。通过与传统文化互动，学生能够更深刻地理解传统文化的内涵，激发对传统文化的浓厚兴趣，从而提升学习的趣味性和互动性。

（二）在线教学平台的建设

1.多媒体教学的整合

建设在线教学平台，通过多媒体教学方式，将传统文化知识以图文、音频、视频等形式进行全方位展示。这样的教学形式更符合学生多元化的学习需求，使传统文化学习更生动有趣。

2.随时随地的学习途径

在线教学平台的建设使学生能够随时随地进行传统文化的学习。学生可以根据个人时间安排，选择适合自己的学习时段，不受时空限制，极大地方便了学生的学习。

参考文献

[1] 王寒星.分析中华优秀传统文化与初中英语教学的融合路径[J].校园英语，2022（49）：175-177.

[2] 王辰.中华优秀传统文化融入初中英语阅读教学的策略[J].校园英语，2022（47）：165-167.

[3] 盖磊.核心素养下将中华优秀传统文化融入英语阅读教学[J].教师博览，2022（15）：69-70.

[4] 习近平.决胜全面建成小康社会夺取新时代中国特色社会主义伟大胜利：在中国共产党第十九次全国代表大会上的报告[R].2017-10-18.

[5] 童雪梅，孙云娟.生物—心理—社会医学模式下口腔医学生人文素养的探讨[J].科技视界，2021（24）：93-95.

[6] 吴若愚，李顺，李真.传统文化在当代医学高校学生教育管理工作中的作用[J].学园，2014（20）：47-48.

[7] 曹加亮，王晶，黄占珍，等.新时代背景下医学院校校园文化建设的相关分析[J].中国卫生产业，2019，16（33）：149-151.

[8] 李依谌，杨航.创新思想政治教育的有效途径：基于大学校训的视角[J].沈阳干部学刊，2021，23（3）：55-58.

[9] 孟方.大学文化与地方社会文化[J].宿州学院学报，2009，24（6）：3-5，69.

[10] 冯巧玲，何桂芳.《青年在选择职业时的考虑》对当代医学生职业价值观的启示[J].成都中医药大学学报（教育科学版），2017，19（3）：12-14.

[11] 牛浩，陈明，乔学斌，等.新医科背景下中国特色医学人才培养体系的构建与探索[J].时珍国医国药，2021，32（12）：2996-2998.

[12] 张继明.现代化视角下我国高等教育治理模式的建构路径[J].当代教育科学，2019（5）：62-66.

[13] 常学辉，张良芝，崔应麟，等."双一流"建设背景下高等医学院校临

床师资队伍建设初探[J].中医药管理杂志,2021,29(5):22-24.
[14] 高薇.大学生传统文化教育现状分析[J].学园,2014年(25):39-40.
[15] 佘双好.当代社会思潮的内涵、特征及其研究意义[J].学校党建和思想教育(高教版),2011(7):23-25.
[16] 艾文礼.深入把握和坚持文化自信[J].红旗文稿,2015(5):13-14.
[17] 曲铁华,张妍.我国幼儿教师队伍建设的历程、成就与展望[J].河北师范大学学报(教育科学版),2020,22(2):47-57.
[18] 叶平枝,张彩云.发达地区学前教育发展影响因素研究[J].教育研究,2015,36(7):23-33.
[19] 庄爱玲,柯玲.学前教育资源城乡差异分析及对策建议[J].教育与教学研究,2015,29(10):10-14,58.
[20] 宋映泉,康乐,张晓,等.城乡儿童发展与幼儿园质量差距:以华北某县为例[J].北京大学教育评论,2020,18(3):32-59,187-188.
[21] 吴琼.我国幼儿园师资保障质量评估与提升策略[J].学前教育研究,2021(1):57-66.
[22] 李建梅,任保国,孔娅昕,等.百园帮扶:促进学前教育均衡发展的举措及其反思[J].学前教育研究,2016(8):70-72.
[23] 冯刚,鲁力.习近平关于中华优秀传统文化重要论述的理论蕴涵[J].湖南大学学报(社会科学版),2022,36(1):1-10.
[24] 李雨燕,曾茜.马克思劳动教育思想及其当代启示[J].吉首大学学报(社会科学版),2021,42(2):109-117.
[25] 夏玲玲,亢升.论马克思劳动教育思想的新时代转换[J].辽宁大学学报(哲学社会科学版),2021,49(2):164-171.

附　录

附录一　学生中华优秀传统文化调查问卷

亲爱的同学，你好！为了更好地了解大家对中华优秀传统文化的兴趣和认知水平，我们设计了以下问卷，请你耐心填写。你的意见对我们设计更有趣、更贴近大家兴趣的课外活动非常重要。感谢你的参与！

个人信息（请如实填写）：

1. 姓名：＿＿＿＿＿＿＿＿＿＿＿＿＿＿＿
2. 年级：＿＿＿＿＿＿＿＿＿＿＿＿＿＿＿
3. 性别：（　）男　（　）女

对中华优秀传统文化的了解与兴趣：

4. 你对中国传统节日有多少了解？（请在以下选项中选择一个）
□很多
□一些
□不太多
□几乎没有了解

5. 你平时是否关注中华传统文学（如古诗词、经典小说等）？
□非常关注
□比较关注
□一般关注
□不太关注

6. 你对传统艺术（如京剧、书法、绘画等）有兴趣吗？
□非常感兴趣
□比较感兴趣
□一般感兴趣

☐不太感兴趣

课外活动的期望：

7. 你希望在课外活动中更多地了解哪些方面的中华优秀传统文化？请列举你感兴趣的方面。

_____

8. 你认为什么形式的活动更容易引起你的兴趣和参与的欲望？

_____

9. 如果有机会进行座谈会，你愿意分享自己对中华优秀传统文化的看法和体验吗？

（ ）愿意 （ ）不愿意

10. 请简要阐述你对中华优秀传统文化的看法或体验。

_____

感谢你的耐心填写！你的意见对我们的活动设计非常重要。希望我们一起度过有趣的课外时光！

附录二 中华优秀传统文化教师培训需求调查问卷

尊敬的教育工作者：

感谢您参与本次中华优秀传统文化教师培训需求调研，您的宝贵意见对我们设计有针对性的培训计划至关重要。请您认真回答以下问题，您的回答将被用于提升我们的培训质量。所有信息将被保密，仅供内部分析使用。

（一）个人信息

1. 您所在的学校/机构类型：

☐小学

☐初中

☐高中

☐大学/高职

☐培训机构

☐其他，请具体说明：_____

2. 您的职务：

☐班主任

☐任课教师

☐学科组长

☐教研员

☐校长/院长

☐其他，请具体说明：_____

3.您的工作年限：

☐1—5年

☐6—10年

☐11—15年

☐16年及以上

（二）中华优秀传统文化教育认知

1.您对中华优秀传统文化的整体认知程度：

☐较了解

☐了解一般

☐了解很少

☐不了解

2.您认为中华优秀传统文化在学校教育中的作用：

☐非常重要

☐重要

☐一般

☐不重要

（三）培训需求分析

1.您希望在培训中学到的中华优秀传统文化方面的知识主要包括：

☐核心价值观念

☐历史渊源

☐传统文学

☐艺术形式（如书法、绘画）

☐传统礼仪

☐其他，请具体说明：_____

2.您认为中华优秀传统文化教育在您的教学工作中的应用程度：

□已经在实践中广泛应用

□尝试过一些应用

□很少应用

□从未应用过

3.您对于中华优秀传统文化教育的难点或疑惑是：
_____

4.您期望中华优秀传统文化教师培训的培训形式（可多选）：

□讲座

□研讨会

□应用案例分析

□实地考察

□互动交流

□其他，请具体说明：_____

5.您是否愿意参与实践性强的教学设计或案例分析：

□是

□否

（四）其他建议或意见

对于中华优秀传统文化教师培训的其他建议或期望，您可以在下面留下您的意见：

_____

_____

感谢您耐心填写此问卷，您的反馈对于我们设计有针对性的培训计划非常重要。祝您工作顺利！